Doris Früh

Im Schatten der Ersten

Doris Früh

Im Schatten der Ersten

Partnerschaft mit einem geschiedenen Mann

Kösel

Druck und Bindung: Pustet, Regensburg
Umschlag: KOSCH Werbeagentur, München
Umschlagmotiv: Getty Images / Jim Cooper
ISBN 3-466-30591-8

Gedruckt auf umweltfreundlich hergestelltem Werkdruckpapier (säurefrei und chlorfrei gebleicht)

Gestern ist heute
Schatten und Licht brauchen Raum
Blick zurück nach vorn

Secondhand-Beziehungen sind manchmal mit einem langen Weg aus der »Gegenwärtigkeit der Vergangenheit« hin zu einer »Normalität der Andersartigkeit« verbunden. Ich danke allen Betroffenen, die mir in meinen Untersuchungen so offen beschrieben haben, welche Wegstrecke sie gegangen sind, wo Licht und Schatten auf diesen Weg gefallen sind.
Mein besonderer Dank gilt dem Mann, der seit nunmehr zwölf Jahren mit viel Zuversicht, Geduld, Offenheit, Wärme und einem großen Maß an Partnerschaftlichkeit und Unterstützung mit mir gemeinsam diesen Weg beschreitet.

Inhalt

Einführung

Noch ein Buch über Beziehungs- und Partnerschaftsthemen? Ja! Noch ein Buch von einer Frau für Frauen? Ja, aber nicht nur für Frauen – auch Männer können vielleicht neue Denkanstöße darin finden.

Es ist ein Buch, in dem »Zweit(ehe)frauen«, also die festen Partnerinnen von geschiedenen oder dauerhaft getrennt lebenden Männern (vgl. Definition S. 24), zu Wort kommen und ihre subjektiven Erfahrungen in dieser Beziehungsform mit all den positiven und negativen Seiten beschreiben. Sie machen sich Gedanken über ihr emotionales Selbstverständnis in ihrer Rolle als Lebensgefährtin eines geschiedenen oder getrennt lebenden Mannes und darüber, was diese Rolle eigentlich für die Entwicklung ihrer persönlichen Identität bedeutet. Die Frauen geben damit einen Einblick in eine besondere familiale Beziehungsstruktur, wie sie heute zum Bild unserer modernen Gesellschaft gehört. Bei näherer Betrachtung zeigen sich ganz spezifische Merkmale und Rollenprobleme in solchen »Secondhand-Beziehungen« (vgl. ebenfalls S. 24), die von den einzelnen Betroffenen oft als individuell und außerordentlich belastend empfunden werden, die aber typisch sind für unsere heutigen gesellschaftlichen Rahmenbedingungen und das familiale Leitbild hierzulande.

Es ist bewusst ein *einseitiges* Buch, da es mit der Sichtweise von Zweitfrauen *eine Seite* neuer Partnerschaften nach Trennung und Scheidung besonders fokussiert. Es ist aber auch ein *einsichtiges* Buch, da es *neue Einsichten* in den Beziehungsalltag moderner Partnerschaften gibt. Damit sollen jedoch die Probleme anderer Betroffener, also von geschiedenen Frauen oder Kindern aus Scheidungsfamilien, nicht abgewertet oder gar geleugnet werden. Verlassene und geschiedene Frauen und Männer haben sich schon seit längerem zu

Wort gemeldet, und das Thema Trennung und Scheidung ist längst zum Trendthema in der populärwissenschaftlichen beziehungsweise populär gewordenen psychologischen Literatur geworden. Doch in jüngster Zeit sind es vermehrt die Zweitfrauen, die mit ihren Erfahrungen und Forderungen verstärkt an die Öffentlichkeit treten. Die Gründung von Selbsthilfegruppen und Arbeitsgemeinschaften sowie neuere Publikationen durch betroffene Frauen und die aktuelle Medienpräsenz des Themas sind ein Beispiel dafür.[1]

Wie Ehe, Familie und Partnerschaft aussehen sollen, davon gibt es in jeder Gesellschaft bestimmte Vorstellungen. Diese werden tradiert und jeder Mensch bekommt sie im Laufe des Erwachsenwerdens von den älteren Generationen vorgelebt. Der Einzelne wächst dann in die Rolle eines Partners, eines Ehemannes oder einer Mutter durch »Learning by Doing« hinein. Es scheint allerdings, als ob das momentan zur Verfügung stehende Wissen über den Lebensbereich Ehe und Partnerschaft[2] bei komplexeren Beziehungsmustern, wie sie durch Trennung und Scheidung entstehen, den Betroffenen nicht mehr genügend Orientierung anbietet. Solche Veränderungen im Zusammenleben führen oft zu einem Vakuum an gesellschaftlich anerkannten Spielregeln und damit zu einem Defizit an Verhaltensmustern und Rollenbeispielen. Für veränderte Beziehungsformen entstehen dadurch viele Unsicherheiten, die sich im Partnerschaftsleben auswirken. Es müssen neue Regeln und Verhaltensweisen gefunden werden – ein Umdenken ist notwendig, so wie es manche Familienwissenschaftler schon seit langem fordern:

»Im Verlaufe des Übergangs von einer Ehe zur nächsten geraten die Verheirateten in eine Serie kulturell nicht geregelter Situationen. Der Prozeß der Wiederverheiratung beinhaltet letztendlich ein ›Neudenken‹ der Ehe, da die Individuen gezwungen sind, die eheliche Welt ihrer ersten Verbindung abzuarbeiten und ein neues System von Überzeugungen aufzubauen, das auf ihrer gegenwärtigen Beziehung basiert (vgl. auch Vaughan 1986).«[3]

Sensibilisiert durch persönliche Betroffenheit und langjährige wissenschaftliche Arbeit über familiale Beziehungsstrukturen nach Trennung und Scheidung, habe ich in Forschungsprojekten betroffene Frauen und teilweise auch betroffene Männer über ihre Lebenssituation und speziell über ihre ganz persönlichen Erfahrungen und Gefühle befragt. Dabei waren die objektiven Lebensverhältnisse des Paares kein entscheidendes Kriterium für die Auswahl der Befragten. Es wurde also zum Beispiel nicht ein bereits abgeschlossenes Scheidungsverfahren des Mannes oder eine erneut vollzogene Wiederverheiratung als Bedingung für den Status Zweit(ehe)frau oder Secondhand-Beziehung festgelegt. Entscheidend war die *subjektive Identifikation der Frauen mit dem Status der zweiten Lebenspartnerin.* Es wurden auch nichteheliche Lebensgemeinschaften in die qualitative Datengewinnung einbezogen, da diese für Geschiedene oftmals aus juristischen und finanziellen Gründen die einzig mögliche Option des Zusammenlebens sind.[4] Außerdem wird aufgrund der Trennungserfahrungen eine formale Wiederverheiratung von den Geschiedenen erfahrungsgemäß nur dann angestrebt, »... wenn die Zweitehe bei der Verwirklichung anderer Ziele nützlich ist«[5]. Zu diesen Zielen zählt besonders die Gründung einer neuen Familie, also der Wunsch nach gemeinsamen Kindern. Die Begriffe Zweitfrauen und Zweitehe beziehungsweise Secondhand-Beziehung stehen daher in den nachfolgenden Ausführungen gleichbedeutend für eheliche und eheähnliche Beziehungen.

Die Daten, die Grundlagen für den Inhalt des Buches sind, wurden anhand schriftlicher Kontakte mit rund 150 Personen gewonnen. An den Erzählungen und Diskussionen, die unter anderem mithilfe moderner Kommunikationsformen im Internet durchgeführt wurden (Kommunikation in Foren und per E-Mail), haben sich zwar vor allem betroffene Zweitfrauen beteiligt, aber auch Ex-Ehefrauen und »Secondhand-Männer« beziehungsweise »Gebrauchte Männer« (vgl. Definition S. 24) haben ihre Sichtweise der Probleme dargestellt. Teilweise habe ich die Frauen über einen Zeitraum von mehr als einem Jahr als »Zuhörerin« begleitet. Die Mischung aus Diskussion zwischen Frauen und Erzählung der individuellen Situation von Frauen hat es ermöglicht, sowohl allgemein gültige Phänomene als auch individuell spezifische Probleme zu erkennen und zu beschreiben.

Die Entscheidung, diese Forschungsergebnisse einem breiten Leserkreis zugänglich zu machen und sie als Buch zu veröffentlichen, traf ich, nachdem mich viele Betroffene dazu ermuntert hatten. Sie selber fühlen sich mit ihren Gefühlen, Problemen und Fragen oftmals allein gelassen. Der Kontakt zu mir hat es einigen Frauen ermöglicht, überhaupt zum ersten Mal ausführlich über ihre Situation nachzudenken und Gehör zu finden, so wie Bärbel es hier zum Ausdruck bringt:

> »Ich hoffe, ich habe nicht allzu viel geschrieben, aber es war mir echt ein Bedürfnis, mir das mal von der Seele zu schreiben.« *(Bärbel)*

Durch die Verständigung miteinander haben viele Frauen auch den Anstoß erhalten, ihre Beziehung aus anderen Perspektiven zu beleuchten und Selbstverständlichkeiten in Frage zu stellen. Diese Gedanken dann im Rahmen meiner Untersuchung aufzuschreiben bedeutete für sie, eine Form der Sprachlosigkeit zu überwinden. Und der Mut, dies zu tun, hat ihnen auch die Erfahrung gebracht, mit den eigenen Problemen nicht alleine zu sein. Das war nicht nur die Erkenntnis von Fanny:

> »... weil ich in diesem Forum viele verschiedene Meinungen von vielen Frauen und Männern mit meiner derzeitigen Situation vergleichen kann oder mir einfach ein Problem von der Seele schreiben kann, und es ist schön, wenn man Gleichgesinnte findet – auch wenn man sie nicht kennt –, die einen verstehen. Man sieht, man ist nicht allein auf der Welt, andere

haben auch Konflikte. Es treffen sich in einem bestimmten Forum Leute, die dieses Thema anspricht, im privaten Bekanntenkreis sind das längst nicht so viele.« *(Fanny)*

Viele Frauen konnten durch die Gespräche mit anderen Betroffenen sehen, dass es oft ähnliche Probleme und Schicksale gibt. Dies erleichtert die Situation ein wenig und macht deutlich, dass nicht alle Schwierigkeiten auf persönliche »Schuld« zurückzuführen sind. Zweitfrauen können sich mit anderen identifizieren und voneinander lernen. Das soll auch mit diesem Buch ermöglicht werden – die Leser und Leserinnen können Zusammenhänge erkennen und voneinander lernen. Niemand kann die Gefühle Betroffener pointierter wiedergeben, als wie diese sie selbst formulieren. Daher habe ich zur Illustration meiner Aussagen viele Zitate aus den Untersuchungen in anonymisierter Form in dieses Buch übernommen. Ich danke hiermit nochmals allen, die mir Einblicke in ihre persönliche Beziehung ermöglicht haben.

Erwarten Sie bitte keine Ratschläge von mir – denn Ratschläge sind auch Schläge! Was Sie jedoch erwarten können, sind

- Beschreibungen von Situationen und Emotionen, die das Leben an der Seite eines geschiedenen Mannes prägen;
- Erklärungsansätze für Verhalten und Gefühle von Frauen und Männern in einer solchen Beziehung;
- Impulse, um die persönliche Lage zu reflektieren und »neu zu denken«;
- Anregungen, wie Sie mithilfe der jedes Kapitel abschließenden Leitfragen die persönliche Sprachlosigkeit überwinden können.

Folgen Sie mir in eine Beziehungswelt, die von der »Gegenwärtigkeit der Vergangenheit« bestimmt wird. Die Themen, die um eine Secondhand-Partnerschaft kreisen, sind vielfältig und beziehen sich auf den gesellschaftlichen Rahmen und das Innenverhältnis zwischen Mann und Frau, zwischen Zweitfrau und Secondhand-Partner und all denjenigen, die auf diese Beziehung Einfluss nehmen können. Abbildung 1 gibt schon einen ersten Einblick in die vielen Aspekte, die um das Leben als Zweitfrau kreisen.

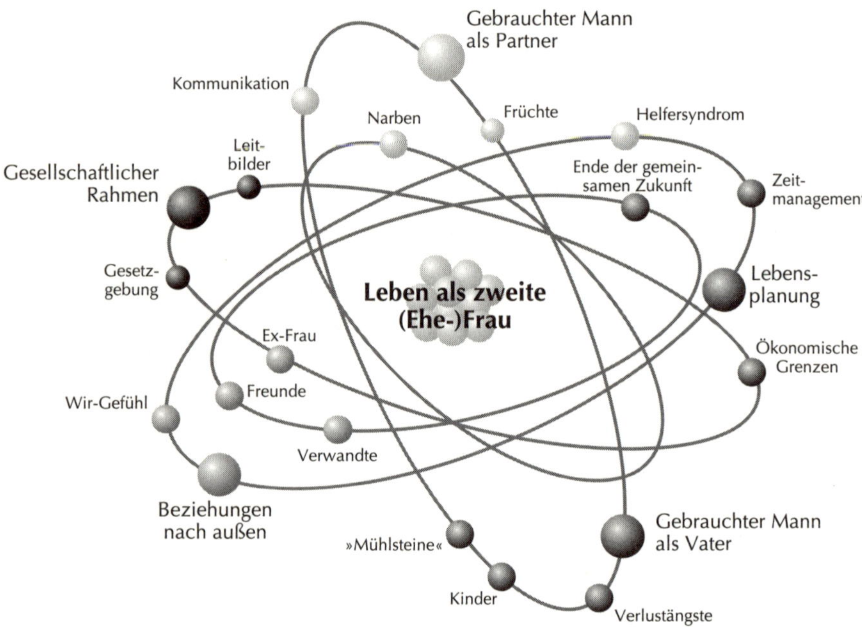

Abb. 1:
Aspekte, die eine Secondhand-Beziehung prägen

Für Ihre persönliche Situation werden nicht alle Themen gleich wichtig oder gleich bedeutend (gewesen) sein. Je nachdem, in welchem Lebensalter Sie sind, in welcher Beziehungsform Sie leben (vgl. Tabelle 1, S. 22) und wie lange diese Partnerschaft schon besteht, werden Sie sich mit dem einen oder anderen Thema, mit diesem oder jenem Beispiel mehr oder weniger identifizieren können. Da das Leben glücklicherweise sehr vielschichtig ist, kann es allerdings auch sein, dass Sie genau gegenteilige Erfahrungen zu dem hier Beschriebenen gemacht haben. Die in diesem Buch aufgezeigten Aspekte erheben daher in keinem Fall den Anspruch, repräsentativ zu sein.

Die Subjektivität der Erzählungen ist aber ein wichtiges Erkenntnisinstrument, um Fremdes, Unbekanntes und Unbewusstes wahrnehmen zu können.[6]

Vielleicht gelingt es mit diesem Buch, dass

- betroffene Zweitfrauen und die, die es noch werden (wollen), die »Normalität der Andersartigkeit« ihrer Beziehung annehmen können und mögliche Wege aus dem Labyrinth persönlicher Belastungen erfahren;
- das gesellschaftliche Bild von Familie um eine neue Perspektive erweitert wird und die Notwendigkeit gesetzlicher Veränderungen erkannt wird;
- manche lieb gewordene Selbstverständlichkeit[7] in den individuellen und gesellschaftlichen Vorstellungen von Partnerschaft, Ehe und Familie in Frage gestellt wird und damit das schon längst notwendige »Neudenken von Familie« weiter vorankommt.

Ehe und Partnerschaft im 21. Jahrhundert | 1

Auch wenn zwei, die sich ineinander verlieben, vielleicht die Welt um sich herum zu vergessen scheinen, leben sie dennoch nicht auf einer einsamen Insel. Jeder Mensch ist eingebettet in gesellschaftliche und individual-biografische Zusammenhänge. Diese prägen das Normen- und Werteverständnis, die Wünsche, Vorstellungen und Ziele der Menschen im jeweiligen Zeitalter. Um die Besonderheiten moderner Beziehungskonstellationen besser verstehen zu können, ist daher ein Blick auf die gesellschaftlichen Zusammenhänge hilfreich. Das Beziehungsleben findet innerhalb des gesellschaftlichen Rahmens seinen besonderen Ausdruck in den jeweils gültigen, handlungsleitenden Leitbildern und der Gesetzgebung.

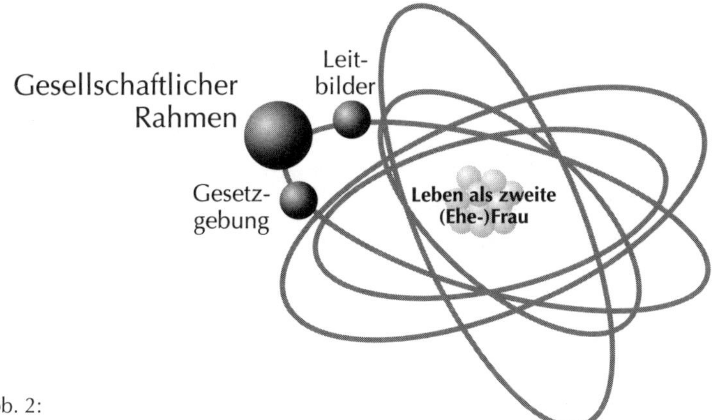

Abb. 2:
Gesellschaftlicher Rahmen von Partnerschaften zweiter (Ehe-)Frauen

Von der »Keimzelle der Gesellschaft« zur »sukzessiven Monogamie«

Lassen Sie uns zunächst gemeinsam einen Blick auf die Vielfältigkeit der heutigen Beziehungslandschaft werfen. Das Kaleidoskop moderner Partnerschaften ist abwechslungsreich und bunt. Zusammenleben, heiraten, sich scheiden lassen und dann erneut eine eheliche oder nichteheliche Partnerschaft eingehen – das sind zu Beginn des 21. Jahrhunderts gewohnte Beziehungsformen. Sie sind gesellschaftlich anerkannt und werden in allen Bevölkerungsgruppen gelebt. Trennung und Scheidung haben den Nimbus gesellschaftlicher Ächtung verloren. Auch nichteheliche Lebensgemeinschaften gehören zum Normalbild der Beziehungslandschaft und sind dabei seit längerer Zeit nicht mehr nur eine Form der Probeehe für junge Menschen. Sie haben sich als eigenständiger, auf Dauer angelegter Lebensentwurf auch für die ältere Generation etabliert.[8] Das zeigt sich deutlich daran, dass seit 1991 die Zahl der nichtehelichen Lebensgemeinschaften (NEL) um 52 Prozent zugenommen hat.[9] Mit dem seit Anfang 2001 gesetzlich legitimierten Vertrag zwischen gleichgeschlechtlichen Partnern, der diesen den Schutz eheähnlicher Rechte ermöglicht, ist nun auch eine weitere, lange Zeit nicht tolerierte Form der Partnerschaft gesellschaftsfähig geworden.

Im Gegensatz zum mittelschichtspezifischen Familienleitbild der 50er- und 60er-Jahre hat sich das moderne Liebes- und Beziehungsleben äußerlich also sehr verändert. Alles scheint möglich zu sein, getreu dem Motto »Jeder soll nach seiner Fasson glücklich werden«. Wertewandel, Individualisierung, De-Institutionalisierung sind die Schlagworte, mit denen Wissenschaftler diese Veränderungen beschreiben und erklären. Es sind Veränderungen, die nicht nur Partnerschaft und Familie betreffen. In diesen Bereichen wird der gesellschaftliche Wandel aber besonders deutlich und für jeden nachvollziehbar.

Noch vor fünf Jahrzehnten war die monogame, kindorientierte Ehe mit fest verankerter Rollenverteilung der vorgegebene Lebensweg. Das sah dann so aus:

- heiraten und zusammen alt werden, bis dass der Tod sie scheidet,
- zwei bis drei Kinder bekommen,
- die Frau ist Hausfrau, der Mann verdient das Geld.

Heute kennzeichnet eine immer größere Zahl von Scheidungen die Beziehungs- und Familienlandschaft. Männer und Frauen gehen Partnerschaften ein und trennen sich wieder, wenn die persönlichen Erwartungen in den Partner und in das Zusammenleben nicht erfüllt werden. War die Ehe früher eine »Arbeitsgemeinschaft« und speziell für die Frauen eine »Versorgungsinstitution«, ist sie heute vor allem eine Gefühlsgemeinschaft.[10] Wenn heute jede dritte Ehe, in Großstädten häufig jede zweite Ehe geschieden wird, dann vor allem deshalb, weil die Partner ihr persönliches Glück, ihren subjektiven Lebenssinn in dieser Beziehung nicht mehr realisierbar sehen. Gemeinsame Kinder sind dabei kaum noch ein Grund, an einer »unglücklichen« Ehe festzuhalten. Persönliches Glück und vor allem Liebesglück haben sich immer mehr zum vorrangigen Lebenssinn entwickelt. In einer Zeit, in der Religion, Nationalstolz, Klassen- beziehungsweise Schichtbewusstsein oder politische Ziele fast ganz an Bedeutung verloren haben und in der materieller Wohlstand für die Nachkriegsgeneration selbstverständlich geworden ist, soll Liebe dem Leben nun einen Sinn geben.

Neue Partnerschaften und Wiederverheiratungen entstehen heute eben nicht mehr – wie noch bis zur Mitte des letzten Jahrhunderts – aufgrund ökonomischer oder sozialer Zwänge als Folge des Todes eines Partners. Sie sind nunmehr in der überwiegenden Zahl der Fälle das Ergebnis ganz persönlicher Entscheidungen und haben einen großen Sack voller Hoffnungen und Wünsche im Gepäck. Es gilt als »Paradoxon der Moderne«, dass die heute gegebene größtmögliche Freiheit bei der Partnerwahl, ohne Rücksicht auf elterliche Autorität beziehungsweise gesellschaftliche oder ökonomische Zwänge, gleichzeitig mit einer so großen Instabilität der Paarbeziehung einhergeht.

Die Erwartungen an Partnerschaft und Ehe sind heutzutage dementsprechend groß. Die Messlatte liegt sehr hoch, und erhofft werden ein immer gleich bleibendes Gefühl des Verliebtseins mit den bekannten Schmetterlingen im Bauch, anhaltende Geborgenheit und sexuelle Attraktivität und Erfüllung. Es sind Erwartungen, die sich weniger an der persönlichen Selbstaufgabe in einer Ehe oder Partnerschaft als an der Selbstverwirklichung durch die oder trotz der Ehe orientieren. Die primäre Forderung nach Befriedigung emotional-affektiver Bedürfnisse und Selbstverwirklichung in der Partnerschaft führt deshalb nicht selten zu herbeigeführten Ehe- oder Beziehungskarrieren, in denen die Individuen, ähnlich wie in den beruflichen Karrieren, kontinuierlich nach einer Verbesserung ihrer Situation streben.[11]

Der »Bund fürs Leben« wird daher immer mehr zu einem Teilzeitarrangement: für jedes Lebensalter und jede Lebenssituation den dazu passenden Partner. Die Medien spiegeln uns tagtäglich die angebliche Normalität dieses Beziehungskarussells. Wer mit wem, warum gerade mit dieser und wieso nicht mehr mit jener – von solchen Geschichten lebt die Klatschpresse. Wer wundert sich noch über das Scheitern einer Promi-Ehe, wer wartet nicht gespannt auf die ersten Meldungen, wann denn die Hochzeitsglocken erneut für den Schauspieler X, die Sängerin Y läuten?

Auch das Fernsehen greift das Motiv »neue Partnerschaften« immer wieder auf. Erinnern Sie sich nicht auch gerne an die netten Serien »Ich heirate eine Familie« oder »Liebe und andere Katastrophen«, in denen das Beziehungs- und Familienleben von Patchwork-Beziehungen zwar turbulent, aber immer positiv und letztendlich harmonisch dargestellt wurde?

Aber ist das, was als gesellschaftlich akzeptiert und für unsere heutige Zeit als »normal« angesehen wird, für die oder den Einzelne/n tatsächlich auch alltäglich und unproblematisch? Können wir mit den Folgen der modernen Beziehungsfreiheiten leben und mit den Konsequenzen umgehen?

Sukzessive Ehen oder Partnerschaften als Folge von Trennung und Scheidung von früheren Partnern sind durch ein komplexes Beziehungssystem mit neuen Rollenanforderungen an die einzelnen Betroffenen gekennzeichnet. Eine Hypothek dieser neuen Beziehungsfreiheit ist, dass neue Partnerschaften und Wiederverheiratungen vermehrt »Familienschaften« sind. Einer oder beide Partner bringen nicht nur ihre Möbel in die neue Beziehung ein, nein, auch Kinder, Ex-Ehepartner, Ex-Schwiegereltern und bei Gebrauchten Männern in der Regel außerdem die monatlichen Zahlungsverpflichtungen sind in den Umzugskisten versteckt. Wie soll und kann Mann oder Frau mit diesem plötzlichen »Familienzuwachs« umgehen?

Wenn wir an Partnerschaft/Ehe denken, denken wir an eine Paarbeziehung zwischen Mann und Frau. Familie ist die Erweiterung dieser Beziehung um gemeinsame Kinder. Bei Lebensgemeinschaften/Ehen, bei denen für mindestens einen der Partner schon eine Ehe vorausgegangen ist, wird diese Vorstellung von Partnerschaft und Familie gesprengt. Die Variationsmöglichkeiten in solchen Folgebeziehungen sind vielfältig, wie Tabelle 1 auf S. 22 zeigt.

Je nachdem, in welcher und wie lange Sie in einer der in dieser Tabelle genannten Beziehungsformen leben oder gelebt haben, wird Ihnen der eine oder andere Aspekt in den nächsten Kapiteln mehr oder weniger bekannt sein und wird Sie mehr oder weniger berühren.

Die Vielfalt der modernen Beziehungsformen ist unbestritten. Wie verfestigt unsere Normvorstellungen von Ehe und Familie aber trotz aller gesellschaftlichen Veränderungen noch sind und wie wenig wir über den Horizont der traditionellen Mutter-Vater-Kind-Normfamilie hinausschauen kön-

	MÄNNER				
	ledig	ledig/ geschieden/ getrennt ohne Kind	ledig/ geschieden/ getrennt mit Erstkind	ledig/ geschieden/ getrennt mit gemeinsamem Kind	ledig/ geschieden/ getrennt mit Erstkind + gemeinsamem Kind
FRAUEN	ledig	Normalfamilie			
	ledig/ geschieden/ getrennt ohne Kind				
	ledig/ geschieden/ getrennt mit Erstkind				
	ledig/ geschieden/ getrennt mit gemeinsamem Kind				
	ledig/ geschieden/ getrennt mit Erstkind + gemeinsamem Kind				

Tabelle 1:
Konstellationen in Folgefamilien

Finden Sie Ihre persönliche Beziehungskonstellation in diesem Raster wieder?

nen, zeigt sich bereits in der »Sprachlosigkeit«, mit der wir den Unterschieden moderner Beziehungskonstellationen begegnen.

»Wiederverheiratungsfamilie«, »Fortsetzungsehe«, »Mehrfachehe«, »Sukzessive Ehe« oder »Sukzessive Monogamie« sind Begriffe, die in wissenschaftlichen Zusammenhängen zur Beschreibung der Wandlungsprozesse im Bereich Familie gebräuchlich sind. »Secondhand-Partnerschaft«, »Puzzle-« oder »Patchwork-Familie« beziehungsweise »Zusammengesetzte Familie« findet man dagegen häufiger in den Medien oder der populärwissenschaftlichen Literatur zur Kennzeichnung von Familien, die nicht dem traditionellen Mutter-Vater-Kind-Familienmodell entsprechen. In meinen Gesprächen tauchten auch die Bezeichnungen »Mischfamilie«, »Familie auf Raten« oder »Wochenendfamilie« auf.

Früher sprach man von Stieffamilien, wenn ein Kind mit einem leiblichen und einem neu hinzugekommenen Elternteil zusammenlebt. Diese Familiengründungen kamen in der Regel nach dem Tod eines Elternteiles zu Stande. Wegen des schon aus den Grimm'schen Märchen tradierten negativen Beigeschmacks der Vorsilbe »Stief-« wird diese Bezeichnung aber heute oft umgangen und auch die betroffenen Frauen und Männer können sich nicht mit der Zuschreibung einer »Stiefmutter« oder eines »Stiefvaters« identifizieren. Sprachgeschichtlich ist »Stief-« auf die ursprünglichen Bedeutungen der Vorsilben »stiof« oder »steop« zurückzuführen, die beraubt, verwaist, abgestumpft bedeuteten.

Es gibt aber keine allgemein bekannte und anerkannte Sprachform für alternative Familien- und Beziehungsformen und die darin lebenden Personen. Wie können wir mit etwas umgehen, was wir nicht benennen können? Wie sollen wir etwas verstehen und begreifen, wofür es eigentlich keine Begriffe gibt, die uns vertraut sind? Wie bezeichnen wir die zweite oder dritte Partnerin eines geschiedenen Mannes? Oder welche Worte beschreiben treffend die Partnerschaftskonstellation eines geschiedenen oder getrennt lebenden

Mannes mit leiblichen Kindern, der in einer festen Lebensgemeinschaft mit einer bisher ledigen Frau lebt?

Ich spreche im Weiteren von *Zweitfrauen*, wenn es sich um (Ehe-)Frauen von dauerhaft getrennt lebenden oder geschiedenen Männern handelt. Ich bezeichne die Ehen/Lebensgemeinschaften mit getrennt lebenden oder geschiedenen Männern als *Secondhand-Beziehungen* und die Männer selbst als *Secondhand-Partner* oder *Gebrauchte Männer*. Dabei bin ich mir durchaus der Proteste bewusst, die diese Formulierungen auslösen können. Aber einerseits sind diese Benennungen duchaus schon seit längerer Zeit unter anderem durch Publikationen bekannt,[12] andererseits konnten sich viele der von mir befragten Frauen und auch Männer mit diesen Bezeichnungen identifizieren. Wie Stina sehen sie darin eine treffende Wortwahl für ihre Lebensumstände und ihre Befindlichkeit in der Partnerschaft, die sie als problematisch und belastend empfinden:

> »Ich finde alle oben genannten Bezeichnungen treffend und passend. Ich empfinde mich tatsächlich als Zweitfrau, die mit einem gebrauchten Mann eine Secondhand-Beziehung, in der immer die zweite Geige gezupft wird, lebt.« *(Stina)*

Die folgenden Kapitel sollen einen Einblick in eine Variante der neuen Beziehungsformen geben. Sie zeigen die »Innensicht« der partnerschaftlichen oder familialen Lebenswelt aus der Sicht von Frauen, die mit geschiedenen oder dauerhaft getrennt lebenden Männern in einer Lebensgemeinschaft oder Ehe leben. Es geht also hauptsächlich um die *Sichtweisen von Zweitfrauen in Secondhand-Partnerschaften*. Statistisch gesehen ist das derzeit die häufigste Form von Folgebeziehungen, denn geschiedene Männer gehen im Vergleich zu geschiedenen Frauen häufiger und schneller wieder eine dauerhafte Bindung ein. Die meisten der geschiedenen Männer zwischen 35 und 49 Jahren binden sich innerhalb von fünf Jahren erneut in einer feste Partnerbeziehung oder Ehe, und das vermehrt auch mit jüngeren, bisher ledigen Frauen.[13] Für die nächste Partnerschaft ist mit dem »Vorleben« des Mannes eine Vielzahl von Konsequenzen verbunden, die im Einzelfall die neue Beziehung stark beeinflussen.

Die Frauen, die hier aus ihrem Zweitfrauen-Leben berichten, schildern ihre Alltagsprobleme und vor allem ihre subjektiven Empfindungen in ihrer Rolle als zweite Ehefrau oder Partnerin. Sicherlich sind nicht alle hier zusammengetragenen Aspekte im statistischen Sinne repräsentativ – aber dennoch sind die Darstellungen typisch für die Situation von Folgebeziehungen in unserer heutigen Gesellschaft und für die Empfindungen von Frauen in ihrer Rolle als Zweitfrau.

Secondhand-Beziehungen sind Beziehungen mit einem besonderen Charakter und mit vielen Hindernissen und Stolpersteinen. Diese zu kennen hilft konstruktiv mit ihnen umzugehen und sie zu meistern.

Vom »Machbaren« und vom »Lebbaren«

Wie beschrieben, leben wir in der westlichen Kultur des 21. Jahrhunderts in einem Zeitalter größtmöglicher individueller Entwicklungschancen. Materieller Wohlstand, Emanzipationsbewegung, Befreiung von sexuellen Tabus, Sicherheit in der Schwangerschaftsverhütung, Erhaltung der Lebensqualität bis ins hohe Alter hinein und viele Wandlungsprozesse mehr haben die Freiheit von Partnerwahl und -abwahl möglich gemacht. Machbar erscheint im Beziehungsleben heutzutage alles! Aber entspricht diese Machbarkeit, die Chance des Partnerwechsels nach dem Ersatzteilprinzip, auch unseren inneren Vorstellungen, Hoffnungen, Erwartungen? Stimmt unser inneres Bild von Partnerschaft und Familie mit den äußeren Möglichkeiten überein?

Ich habe Frauen befragt, welche grundsätzlichen Vorstellungen sie früher von Partnerschaft und Ehe gehabt hätten. Ob sie sich zum Beispiel angesichts der gesellschaftlichen Entwicklung mit der Aussicht beschäftigt haben, eventuell auch einen geschiedenen Partner zu bekommen.

Die Antworten mögen mit Blick auf die beschriebene gesellschaftliche Entwicklung und der anscheinenden Normalität von Trennung – Scheidung – erneuter Bindung verwundern. Die Lebensentwürfe moderner Frauen beziehen sich auch heutzutage noch eindeutig auf »den Mann fürs Leben«, die Hochzeit – oft auch mit dem kirchlichen Segen versehen – und auf eigene Kinder. Hierin unterscheiden sich die Vorstellungen der modernen Frauen nicht von denen früherer Frauengenerationen.[14] Auch wenn feste Paarbindungen und eigene Kinder zugunsten einer beruflichen Selbstverwirklichung und teilweisen finanziellen Selbstständigkeit in spätere Lebensabschnitte hinausgeschoben werden, hat für die meisten Frauen die Ehe noch einen unumstößlichen Charakter. Hier spricht Sylvie für viele andere Frauen:

> »... Wunschdenken der Vergangenheit ...: eine Familie mit Kindern, nebenher ein bisschen arbeiten, eher das klassische Modell der Familie.« *(Sylvie)*

»Bis dass der Tod uns scheidet« ist trotz der Aussagekraft statistischer Daten über stetig steigende Scheidungszahlen noch die aktuelle Hoffnung der Mehrzahl der Männer und Frauen. Das Leitbild ist also auch heute noch die »normale« Familie, die »intakte« Familie, die Bilderbuchfamilie.

Darüber, wie eine Partnerschaft aussehen soll, haben die Frauen ihre genauen Vorstellungen. So wie bei Brunhilde zählen Harmonie, viele Gemeinsamkeiten und gegenseitige Unterstützung in der Bewältigung der Lebensprobleme zu den Qualitäten, die das Wunschbild einer Beziehung ausmachen.

»... dass man gemeinsame Ziele hat; ... dass man füreinander da ist; ... dass man Sorgen miteinander teilt; ... dass man an einem Strang zieht; ... dass man eine Einheit bildet.« *(Brunhilde)*

Betont wird dabei die Vorstellung von einer engen, symbiotischen Einheit von Frau und Mann. Auch wenn Rationalität, Nüchternheit und ökonomische Autonomie die Entscheidungen im privaten und beruflichen Alltag maßgeblich prägen, in Beziehungsfragen ist die Romantik immer noch sehr gefragt. »Hochzeit in Weiß« ist keine veraltete Tradition aus dem letzten Jahrhundert. Selbst bei den modernen Frauen, die sich im Fitnessstudio trimmen, die die Abseitsregel im Fußball fehlerlos erklären können und die ohne Probleme über Dax oder Nemax diskutieren, gehört dieses Ritual zu den Beziehungsträumen vielfach dazu. Die »Traumhochzeit« à la Linda de Mol ist der Ausdruck des Wunsches nach einer harmonischen, romantischen, immer währenden Liebe – denn man heiratet ja nur einmal ...

Die Beschreibungen der Vorstellungen von Ehe und Partnerschaft machen deutlich, dass sich diese auch heute noch am traditionellen Kernfamiliemodell von zwei ledigen Partnern, die zusammen eine nach außen, in sich geschlossene neue Familieneinheit bilden, orientieren – nicht nur bei Hanni.

»Dass man bedingungslos zusammenhält. Sich niemand dazwischenstellen kann oder sich einmischen kann.« *(Hanni)*

Wie kommt diese Diskrepanz zwischen Wunschdenken und Wirklichkeit zu Stande?

Frauen, die zu Beginn des 21. Jahrhunderts älter sind als 20 Jahre, leben in einer Übergangsphase: Innerlich wirken in ihnen noch die durch Erziehung und das Leben in der eigenen Herkunftsfamilie übermittelten traditionellen Beziehungsbilder und nach außen müssen sie emanzipatorischen

Lebens- und Beziehungsformen gerecht werden. Kaum eine der befragten Frauen hat früher schon einmal über die Möglichkeit, sich vielleicht in einen geschiedenen Mann zu verlieben, ernsthaft nachgedacht. Zumindest hat sich kaum eine mit den daraus resultierenden potenziellen Konsequenzen auseinander gesetzt. Lediglich Frauen ab Ende 30 oder Frauen, die bereits selbst eine Trennung/Scheidung durchlebt haben, sind sich bewusst, dass die Mehrzahl der in Frage kommenden Kandidaten schon eheerfahren sein wird.

Wie bei Sybille sind den wenigsten der befragten Frauen Partnerschaften und Ehen mit geschiedenen Männern im Bekannten- oder Verwandtenkreis bekannt beziehungsweise bewusst.

> »In meinem Bekanntenkreis gab es leider niemanden in einer ähnlichen Situation. Ich bin völlig unvorbereitet in die Beziehung mit einem Gebrauchten Mann und zwei Kindern gegangen. Hätte ich Vergleichsmöglichkeiten oder Erfahrungswerte von anderen gehabt, hätte ich mich wahrscheinlich anders verhalten. Möglicherweise hätte ich die Beziehung nicht aufrechterhalten, wenn ich ahnen hätte können, was alles auf mich zukommen würde.« *(Sybille)*

Das mag daran liegen, dass die Generation der heute 20 bis 50 Jahre alten Frauen noch mit traditionellen Leitbildern aufgewachsen ist, in denen Trennung und Scheidung nicht vorkamen. Es gibt demnach kaum Einblicke in diese Familienform, die von außen auch nicht auf Anhieb als spezielle Beziehungsform erkennbar ist. Von außen sieht ja auch alles ganz »normal« aus und die Betroffenen sind oft auch sehr bemüht, den Eindruck der Normalität zu erwecken! Sensibel für die Besonderheiten einer Beziehung mit einem Gebrauchten Mann wird frau wohl erst, wenn sie unmittelbar selbst davon betroffen ist.

Es gibt derzeit kein alternatives Beziehungs- oder Familienmodell, das gleichwertig neben dem traditionellen – und wie die Antworten der Frauen zeigen, auch heute noch in den Köpfen fest verankerten – Kernfamilienmodell steht. Als Zweitfrauen leben sie ein Beziehungs- beziehungsweise Familienleben, das ihren inneren Erwartungen und ihren emotionalen Bedürfnissen nicht entspricht.

Denken Sie selbst einmal zurück:

✗ Welche Vorstellungen hatten Sie früher (bevor Sie eine Secondhand-Beziehung eingegangen sind) von Ehe,Familie oder einer festen Lebensgemeinschaft?

✗ Haben Sie sich früher schon einmal Gedanken über die Möglichkeit einer Partnerschaft mit einem Gebrauchten Mann gemacht?

✗ Kennen Sie solche Partnerschaften/Ehen aus Ihrem persönlichen Umfeld? Wie haben Sie diese wahrgenommen?

Secondhand-Beziehungen – Beziehungen mit besonderem Charakter

Was ist denn nun tatsächlich das Besondere an einer Secondhand-Beziehung?

Die Unterschiede liegen auf drei Ebenen: auf der strukturellen, der rechtlichen und der daraus resultierenden emotionalen Ebene. Lassen Sie uns nacheinander einen Blick auf die strukturelle und die rechtliche Ebene tun, um zunächst einen sachlichen Eindruck von den besonderen Merkmalen einer Secondhand-Beziehung zu bekommen.

Was ist anders an einer Secondhand-Beziehung? [15]

Wenn die Frage gestellt wird, was anders an einer Secondhand-Beziehung sei, dann ist natürlich erst zu klären: anders im Vergleich zu ...? Alternativlos ist die »Kernfamilie« das Beziehungs-/Familienmodell, an dem sich eine Secondhand-Beziehung, unabhängig davon, ob die Partner verheiratet sind oder in einer festen Lebensgemeinschaft leben, auch heute noch messen muss und an dem die strukturellen und entwicklungsbedingten Besonderheiten dieser Beziehungsform deutlich werden.

Die *Kernfamilie* ist ein klar definierbares, relativ geschlossenes System. Dazu zählen Mann und Frau und gemeinsame leibliche Kinder, die alle zusammen in einer Haushaltsgemeinschaft leben. Die Rollen im Familiensystem, also Ehemann und Ehefrau (Paarebene) beziehungsweise Mutter und Vater (Elternebene), sind biologisch und generativ festgelegt und unterliegen recht starren, gesellschaftlich verbindlichen Regeln.

Die gegenseitigen Rechte, Pflichten und Aufgaben von Ehepartnern und von Eltern gegenüber den Kindern kennen wir alle. Die rechtlichen Positionen der Erwachsenen untereinander und gegenüber den Kindern sind klar und symmetrisch verteilt. Beide Partner sind gleichermaßen für die Kinder verantwortlich.

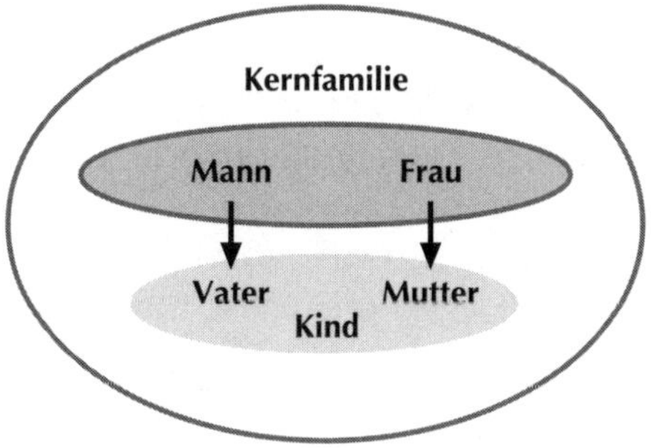

Abb. 3:
Struktur der Kernfamilie[16]

Häufig geht dem Elternwerden zunächst eine längere Zeit als Paar zur Beziehungsfindung voraus. Es besteht währenddessen die Möglichkeit, durch die gemeinsame Entwicklung auch zu einem gemeinsamen Normen-, Werte- und Traditionsbestand zu gelangen. Da die Paarebene und die Elternebene identisch sind, also der Ehemann gleichzeitig Vater der Kinder und die Ehefrau auch deren Mutter ist, sind die Beziehungszeiträume zwischen Erwachsenen und Kindern gleich lang. Alle haben somit dieselben Chancen, emotionale Bindungen zu den anderen Familienmitgliedern aufzubauen. Alle Kinder einer Kernfamilie sind auch miteinander verschwistert.

Wenn in Kernfamilien Konflikte entstehen, ist dies erst einmal nichts Ungewöhnliches. Sie gehören zum Alltag und vor allem zwischen Eltern und Kinder sind sie normal und werden in der Regel nicht gleich als Existenzbedrohung für das Beziehungssystem aufgefasst. In die Vater- und Mutterrolle »schlüpfen« die Partner einer Kernfamilie mit der gewöhnlich neun Monate dauernden Vorlaufszeit wie selbstverständlich. Dank der Verhütungsmöglichkeiten hat sich allerdings eine zeitliche Verschiebung in das höhere Erwachsenenalter ergeben. Viele Paare werden bewusst erst nach einer Phase beruflicher Schwerpunkte im späteren Alter Eltern. Aber auch dann wird die Mutter- und Vaterrolle nicht hinterfragt, denn die biologische Elternschaft gilt per se als die gute Elternschaft.

Aus dieser naturgegebenen, biologischen Zusammensetzung der Kernfamilie ergibt sich das schon beschriebene normative, also Vorstellungen prägende und handlungsleitende Potenzial, das diskriminierende Elemente für andere Familienformen enthält.

Secondhand-Beziehungen sind dagegen ein relativ offener Zusammenschluss von zwei Erwachsenen ohne eindeutige Abgrenzungen nach außen. Durch die erste Ehefrau und/oder Kinder aus der ersten Ehe werden die Paargrenzen durchlässig. Auch hier ist es für die strukturelle Beschreibung unerheblich, ob die Partner miteinander verheiratet sind oder nicht. Unabhängig davon hat das Motto »Neuer Anfang – neues Glück« nur dann Bedeutung, wenn aus den vorhergehenden Beziehungen/Ehen keine weitergehenden Verpflichtungen gegenüber den ehemaligen Partnern beziehungsweise den Kindern aus den aufgelösten Beziehungen bestehen. Doch das ist nur bei wenigen Scheidungen der Fall.

Kim beschreibt, wann Beziehungen mit einem geschiedenen Partner ein Problempotenzial in sich tragen.

> »Wenn Kinder vorhanden sind oder wenn die erste Beziehung sehr lange gedauert hat oder der Mann seiner Ex-Frau Unterhalt zahlen muss, dann sind Probleme vorprogrammiert, da dann auf der zweiten Partnerschaft sozusagen eine Hypothek lastet.« *(Kim)*

Auch heute noch ist es in der Regel so, dass diese Hypothek den Gebrauchten Mann betrifft. Er hat oftmals Unterhaltsverpflichtungen gegenüber der früheren Ehefrau und/oder den gemeinsamen Kindern aus dieser Ehe zu leisten. Daraus resultieren Konsequenzen für den ökonomischen Spielraum einer folgenden Secondhand-Beziehung, wie wir unter anderem noch im Kapitel »Die ökonomischen Grenzen der gemeinsamen Zukunft«, S. 142 ff., sehen werden. Dadurch, dass die Kinder nach der Trennung der Eltern auch trotz der neuen Sorgerechtsregelungen in der Regel ihren Lebensmittelpunkt weiterhin bei der Mutter haben, wird das Wahrnehmen der Vaterrechte und -»pflichten« ein äußerst kompliziertes Unterfangen, in das auch die Zweitfrau involviert ist (vgl. Kapitel 3 sowie »Die Grenzen des Zeitmanagements«, S. 148 ff.).

Unabhängig davon, ob es sich um finanzielle oder affektiv-emotionale Verpflichtungen handelt, ist hierdurch eine Verbindung zum früheren Leben gegeben, die Kim oben als Hypothek beschrieben hat und die als kontinuierliche Belastung empfunden wird.

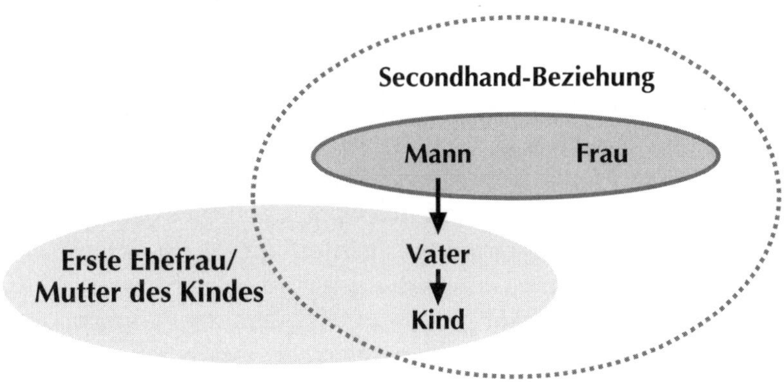

Abb. 4:
Struktur einer Secondhand-Beziehung[17]

Das Secondhand-Partnerschaftssystem ist also über die Versorgungsfunktion und über die nicht aufhebbare Elternfunktion um die Ex-Partner und auch um die nicht kontinuierlich in der neuen Partnerschaft lebenden Kinder von Anfang an erweitert. Auch ein Teil der ökonomischen Basis der Zweitfamilie fließt mehr oder weniger langfristig in die frühere Ehe-/Familienkonstellation hinein.

Im Gegensatz zu Kernfamilien, die sich auf einem relativ neutralen Boden langsam entwickeln und ein gemeinsames Wertesystem aufbauen können, fehlt bei Secondhand-Beziehungen oft diese entscheidende Paarphase. Die Besuche der Kinder brechen die alltägliche Struktur der Secondhand-Beziehung radikal auf und machen einen drastischen Rollenwechsel erforderlich. Je nachdem, welche Regelungen im Einzelfall das Umgangsrecht mit den Kindern vorsieht, lebt das Paar die Woche über ein ganz auf die gegenseitigen Bedürfnisse ausgerichtetes Beziehungsleben und soll zu den Besuchszeiten, an Wochenenden oder im Urlaub, familiale Funktionen erfüllen. Der Gebrauchte Mann muss wieder seine Vaterrolle einnehmen und kann dazu teilweise auf vorhandene Muster zurückgreifen. Die Zweitfrau muss ihre Rolle erst erwerben und es stehen ihr dazu keine sozial anerkannten Modelle zur Verfügung. Im Gegenteil: Die in den Mythen manifestierte Stiefmutterproblematik kann eher als Antimodell gesehen werden. Auch juristisch ist die Rolle der neuen Partnerin gegenüber den Kindern des (Ehe-)Mannes problematisch. Sie hat nach deutschem Gesetz keinerlei Rechte oder Pflichten dem Kind gegenüber, selbst dann nicht, wenn dieses längere Zeit im gemeinsamen Haushalt mit ihr und dem Vater zusammenlebt. Werden in einer Secondhand-Beziehung gemeinsame Kinder geboren, sind diese juristisch nicht mit den Kindern des Vaters aus erster Ehe verwandt.

Wie wir mit unseren leiblichen Eltern und Großeltern umgehen, wie wir uns ihnen gegenüber verhalten, haben wir alle in unserer Sozialisation gelernt. Jeder, der »zur Familie«

gehört, hat seine ihm zugehörige Position und Funktion. Wechsel in der Familienzugehörigkeit sind eigentlich nur durch Geburt und Tod vorgesehen.

Doch wie verhält man sich gegenüber Familienmitgliedern nach Trennung und Scheidung (vgl. Kapitel »Die ›lieben Verwandten‹ und die ›guten Freunde‹«, S. 128 ff.)? Gehören diese noch »zur Familie«? Sind sie noch der Schwiegersohn oder der Schwager, oder umgekehrt, hat derjenige, der sich scheiden lässt, zum Beispiel selbst noch Schwiegereltern? Hierzu gibt es keine anerkannten und eingeübten gesellschaftlichen Regeln – ebenso wenig, wie es für den Umgang mit neu hinzukommenden Partnern eingespielte Modelle der Orientierung gibt. Konfrontiert mit vom Kernfamilienmodell abweichenden Beziehungskonstellationen, bewegen wir uns oft in einem luftleeren Raum normativer Orientierungshilfen.

Ein Vakuum gesellschaftlich akzeptierter Regeln zeigt sich auch bei der Frage, wie das Verhältnis von Zweitfrau zur Ex-Frau, zur Mutter der Kinder des Secondhand-Mannes zu gestalten ist (vgl. Kapitel »Die Dritte im Bunde?«, S. 113 ff.). Wenn auch nicht direkt, ist die Ex-Frau dennoch indirekt Teil der Secondhand-Beziehung und beeinflusst manchmal maßgeblich das Beziehungsleben und die Lebensplanung der Folgefamilie. Wie die Zweitfrauen diesen Einfluss erleben, werden wir in den folgenden Kapiteln noch ausführlich erfahren. Insofern hat der Spruch »Bis dass der Tod euch scheidet« für Partnerschaften nach Trennung und Scheidung eine makabre Aktualität.

Die Kennzeichen des traditionellen Kernfamilienmodells und einer Secondhand-Beziehung sind in Tabelle 2 (»Strukturell bedingte Unterschiede zwischen Kernfamilie und Secondhand-Beziehung«[18]) auf S. 36 nochmals gegenübergestellt.

KERNFAMILIE	SECONDHAND-BEZIEHUNG
zwei Erwachsene mit mindestens einem leiblichen Kind	Partnerschaft zweier Erwachsener, von denen mindestens ein Partner geschieden ist und der ggf. Kinder aus der ersten Ehe hat, die in der ehemaligen Kernfamilie leben
Kinder gehören nur einem Familiensystem an	Kinder gehören mindestens zwei Familiensystemen an: dem biologischen, dem der Secondhand-Beziehung und eventuell einer neuen mit dem neuen Partner des anderen Elternteils
Paar- und Elternebene sind gleich	Paar- und Elternebene sind getrennt
der Elternschaft geht in der Regel eine längere Paarphase zur Beziehungsfindung voraus	gleichzeitige Eltern- und Paarphase
die Beziehungszeiträume zwischen den Erwachsenen und den Kindern sind symmetrisch	die Beziehungszeiträume sind ungleich; der leibliche Elternteil hat ein längeres Verhältnis zum Kind als der andere; der neue Partner muss sich in dieses Gefüge integrieren
klar definierbares, relativ geschlossenes System; die Zugehörigkeit ist räumlich, biologisch und rechtlich verankert	offener Familienverband ohne eindeutige Abgrenzung nach außen; es kann Dissens über Zugehörigkeit bestehen; Zugehörigkeit ist weder räumlich noch biologisch noch rechtlich klar definiert
rechtliche Position beider Elternteile ist klar und symmetrisch definiert; alle Kinder sind verschwistert	rechtliche Position ist asymmetrisch; ein Erwachsener hat keine Rechte oder Pflichten dem Kind gegenüber; Stiefgeschwister sind juristisch nicht miteinander verwandt
Rollen sind biologisch und generativ vorgegeben; die Ausgestaltung ist stark sozial normiert und festgelegt	biologisch vorgegebene Rolle für den leiblichen Elternteil und erworbene Rolle für die *Zweitfrau* ohne sozial anerkannte Modelle
gemeinsame Entwicklung und dadurch gemeinsame Normen, Werte, Traditionen, die ein starkes Zugehörigkeitsgefühl hervorbringen	geringe gemeinsame Wertewelt
Unterstützung in der Regel durch Herkunftsfamilien	teilweise Ausgrenzung aus den früheren Familienverbänden = Unsicherheitsgefühl und negatives Zusammengehörigkeitsempfinden

Auch wenn viele der befragten Zweitfrauen angegeben haben, dass sie vor ihrer eigenen Secondhand-Beziehung wenig Erfahrungen oder Einblicke in ähnliche Beziehungskonstellationen hatten, ist ihnen zu Beginn der Partnerschaft in der Regel bekannt, dass der Mann geschieden oder getrennt lebend ist, ob er Kinder hat und welche Verpflichtungen sich daraus für ihn ergeben. Viele Frauen sind sich dann bewusst (oder sie ahnen zumindest), dass sich eine Partnerschaft mit einem geschiedenen Mann von traditionellen Partnerschaften und vielleicht ebenso von den eigenen Vorstellungen über das Beziehungsleben unterscheidet. Aber wie heißt es doch: Liebe macht blind!

So ist es auch Brunhilde ergangen:

> »Mit Unterschieden habe ich gerechnet und auch fest daran geglaubt, dass ich alles locker in den Griff kriegen werde. Mit der Zeit musste ich allerdings schmerzlich feststellen, dass es doch viel schwieriger war, als ich anfangs dachte.« *(Brunhilde)*

Zunächst überlagert die Verliebtheit alle realistischerweise nicht zu leugnenden Komplikationsmöglichkeiten. Die Schmetterlinge im Bauch machen so viel Wind, dass mögliche Schwierigkeiten doch einfach davongeweht werden müssten. Durch die rosarote Brille der Verliebtheit sehen die »kleinen Schönheitsfehler« der neuen Partnerschaft tolerierbar und beherrschbar aus, wie bei Stina:

> »Ich habe die Beziehung mit einem ›Gebrauchtmann‹ ehrlich gesagt unterschätzt. Ich habe mir vorgestellt, dass es toll ist, wenn die Kinder da sind etc. An Begleiterscheinungen habe ich überhaupt nicht gedacht ...« *(Stina)*

Nicht selten gewinnen unrealistische, idealisierende Vorstellungen vom Umgang mit seiner Vergangenheit zunächst die Oberhand in der weiblichen Gefühlswelt. Erst mit der Zeit, mit dem Alltag kehrt Ernüchterung ein, und die Probleme, die sich aus der speziellen Konstellation der jeweiligen persönlichen Secondhand-Beziehung ergeben, werden als ständige Begleiter der Partnerschaft erkannt und vielleicht auch als solche anerkannt. Das kann dann Traurigkeit, Wut oder Resignation zur Folge haben. Aber oft sind es gerade auch die erkennbaren Schwierigkeiten, von denen sich die Frauen herausgefordert fühlen.

Kathi ist eine solche Zweitfrau.

> »... und als ich in die Situation kam, habe ich zwar nicht das perfekte Gefühl gehabt, aber den Ehrgeiz, es gerade wegen der Schwierigkeiten zu schaffen und eine gute Beziehung aufzubauen.« *(Kathi)*

Wie Kathi sind viele Zweitfrauen voller Selbstbewusstsein und haben einen hohen Anspruch an ihre Fähigkeiten und ihre Möglichkeiten, die Partnerschaft trotz der komplizierten Rahmenbedingungen glücklich zu gestalten und alle Einflussmöglichkeiten zu nutzen. Grenzen werden diesem Engagement unter anderem oft durch die Gesetzeslage beziehungsweise durch die Rechtsprechung gesetzt. Diese weisen, wie im nächsten Kapitel beschrieben wird, den Kernfamilien und Folgebeziehungen einen unterschiedlichen Status zu. Catrin macht hier zu Recht darauf aufmerksam, dass auch darin die Unterschiede von Kernfamilienmodell und Secondhand-Beziehungen zum Ausdruck kommen:

> »In einer normalen Partnerschaft wird nicht so sehr an alle möglichen Rechte und Pflichten gedacht. Man heiratet, kriegt Kinder und man denkt nicht mal an einen Ehevertrag. Man geht unbeschwerter in eine solche Beziehung und kann sich auch alles selbst aufbauen.« *(Catrin)*

Wie ist die Situation bei Ihnen?

- ✗ Welche Unterschiede zu anderen Partnerschaften sehen Sie in Ihrer Secondhand-Beziehung?
- ✗ Wie war das damals, als Sie Ihren Partner kennen lernten und sich daraus eine feste Beziehung entwickelte? Haben Sie mit Unterschieden gerechnet und wie haben Sie den Umgang damit eingeschätzt?
- ✗ Welche Veränderungen würden Sie gerne in Ihrer Partnerschaft umsetzen?
- ✗ Was hindert Sie daran?

Familiensysteme erster und zweiter Klasse?

Familien genießen in Deutschland eine besondere gesellschaftliche Stellung, die auch im Grundgesetz Artikel 6, Absatz 1 verankert ist. Da die Institution »Familie« als Keimzelle der Gesellschaft angesehen und ihr eine bedeutende Rolle für die gesellschaftliche Stabilität zugeschrieben wird, enthält die Gesetzgebung verschiedene Schutzmechanismen für Familien, auch für den Fall der Trennung und Scheidung.

Speziell mit der Reform des Familienrechts 1977 sollte dem Wandel der Gesellschaft Rechnung getragen werden und die bis dahin eindeutige Benachteiligung der Frau und Mutter durch neue gesetzliche Regelungen beseitigt werden. Das diskriminierende Schuldprinzip bei einer Scheidung wurde durch das Zerrüttungsprinzip ersetzt, und die Eigenverantwortlichkeit zur Sicherung des persönlichen Unterhalts wurde ausdrücklich gesetzlich allen Versorgungsansprüchen aus geschiedenen Ehen vorangestellt. Ausnahmen bestätigen bekanntlich die Regel und so enthalten die §§ 1569 ff. BGB umfangreiche Ausnahmen von der Eigenverantwortung und legen die Anspruchsgrundlagen für Unterhalt fest (Ehegattenunterhalt aus Billigkeitsgründen; zum Beispiel lange Ehedauer, keine Zumutbarkeit von Erwerbstätigkeit).

Für Frauen, hier für die geschiedenen Frauen, bedeuten diese Regelungen zunächst einmal einen bedeutenden Fortschritt. Sie beinhalten eine Anerkennung ihrer Mutterrolle und den sich daraus ergebenden Verpflichtungen und Einschränkungen der Freiheitsspielräume zur Gestaltung ihrer persönlichen Lebensplanung. Sie machen Frauen in begrenztem Umfang unabhängig davon, aus ökonomischen Zwängen an einer Ehe festhalten zu müssen, und ermöglichen theoretisch die Loslösung aus nicht mehr tragbar empfundenen Verhältnissen ohne Existenznot. Für die Kinder ist durch die Gesetze eine ökonomische Sicherheit bis zur Beendigung einer Berufsausbildung gegeben. Diese gesetzlichen Bedingungen sind somit ohne Einschränkungen als ein Beitrag zur Emanzipation und zur Gleichberechtigung der Frau zu sehen.

Mit dieser Rechtslage hat der deutsche Gesetzgeber sicherlich in bester Absicht gehandelt. Allerdings zeigt sich deutlich, dass auch er das Leitbild des Kernfamilienmodells vor Augen gehabt haben muss und die Folgen der Gesetzeslage für nachfolgende Familiengründungen nicht berücksichtigt hat. Auch die Betroffenen haben häufig von den rechtlichen Unterschieden in Erst- und Zweitfamilie keine Kenntnis und sind von den massiven Konsequenzen für ihr Leben in einer Secondhand-Beziehung vollkommen überrascht. Bigi ist da nicht die Ausnahme, sondern die Regel:

»... doch zu Beginn unserer Beziehung hatte ich – wie sagt man so schön? – ›keinen blassen Schimmer‹, welche Ungerechtigkeiten sich dahinter verbergen. Und das gilt auch für ihn.«

(Bigi)

Folgeehen und Folgefamilien, bei denen ein Partner Unterhaltsverpflichtungen gegenüber geschiedenen Ehegatten oder minderjährigen Kindern hat, werden grundsätzlich als nachrangig zu berücksichtigend eingestuft (vgl. Anhang: »Rechtliche Aspekte«, S. 189 ff.). Aus der Nachrangigkeit resultiert zum Beispiel, dass Unterhaltsverpflichtungen gegenüber der ersten Familie vorrangig vom Einkommen des Zahlungspflichtigen berechnet werden. Der Unterhaltspflichtige wird in dem Sinne bei der Festlegung seiner Verpflichtung als finanzieller »Single« betrachtet, bei dem unter anderem die steuerlichen Vorteile aus einer erneuten Eheschließung der früheren Familie zugute kommen und Unterhaltszahlungen bei der Beantragung von sozialen Leistungen in der Regel nicht als Belastung vom Einkommen abgezogen werden können (Ermessensspielraum der Entscheidungsträger). Der wirtschaftliche Bedarf einer neuen Ehe/Familie wird also – mit Ausnahme des Unterhaltsanspruchs minderjähriger Kinder aus dieser Folgebeziehung – nicht als weitere finanzielle Verpflichtung berücksichtigt.

Als Konsequenz aus dieser Rechtslage müssen Beziehungen mit einem unterhaltspflichtigen Partner nicht selten mit einem erheblich reduzierten Resteinkommen auskommen. Daraus entsteht oftmals eine Situation, von der Jutta Limbach, die ehemalige Präsidentin des Bundesverfassungsgerichts, schon 1988 urteilte, dass sich »... eine große Anzahl der Bürger die durch das neue Scheidungsrecht ermöglichte sukzessive Polygamie finanziell nicht leisten [kann]. Die eröffnete Freiheit zur Wiederheirat können zumeist diejenigen wirtschaftlich nicht verkraften, die für Kinder aus der ersten und möglicherweise noch für die aus der zweiten [Ehe] zu sorgen haben.«[19]

Für diejenigen, die dennoch eine Folgebeziehung eingehen, bedeuten vorhandene Unterhaltsverpflichtungen eine Einschränkung der Lebensplanung (vgl. Kapitel 5), die nicht nur von den direkt betroffenen Gebrauchten Männern, sondern auch von den Zweitfrauen als Belastung empfunden wird. Sie sind diejenigen, die im Raster der Unterhaltsberechnungen nicht berücksichtigt werden – auch dann nicht, wenn sie kleine Kinder zu versorgen haben. Ihnen wird in der Regel per Gesetz eine finanzielle Eigenständigkeit aufgebürdet (vgl. Kapitel »Status von Zweitehen und Zweitfamilien in Deutschland«, S. 191 ff.). Langfristige Lebensplanungen werden zusätzlich durch die Vorläufigkeit juristischer Entscheidungen auf wackelige Füße gestellt, da Änderungen von unterhalts- und sorgerechtlichen Entscheidungen turnusmäßig und außerplanmäßig immer wieder neu verhandelt werden können. Der Ausgang neuer Berechnungsentscheide ist dabei nicht immer kalkulierbar, da es zwar eine gesetzliche Grundlage zur Regelung der Unterhaltsverpflichtungen gibt, die Rechtsprechung jedoch aufgrund der Einzelfallbewertung sehr unterschiedlich sein kann, wie es auch in Anabels nachstehendem Bericht zum Ausdruck kommt:

> »Mein Mann und ich haben uns dann vor vier Jahren von meinen Ersparnissen eine kleine, alte Eigentumswohnung gekauft, die wir nach und nach renovieren. Da ja unsere gemeinsame Tochter zu diesem Zeitpunkt noch nichtehelich war und damals nichteheliche Kinder unterhaltsrechtlich und auch erbrechtlich (dies sind sie auch heute noch) schlechter gestellt sind als eheliche, haben mein Mann und ich uns vor vier Jahren entschlossen zu heiraten. Naiv, wie wir damals waren, haben wir die Wohnung gemeinsam gekauft, und da ich damals noch in Erziehungsurlaub war, hatte er auch die Steuerfreibeträge nach § 10e auf der Steuerkarte eingetragen. Vor zweieinhalb Jahren habe ich dann auch wieder angefangen, Teilzeit zu arbeiten, und hatte mich damals für die Steuerklasse V entschieden. Dies alles sollte sich als riesiger Fehler herausstellen.

Mein Mann hatte seit der Trennung von der ersten Frau den Unterhalt für seinen Großen aufgrund einer gerichtlichen Vereinbarung gezahlt. Die ganzen Jahre war dies mehr als die Tabellenbeträge der Düsseldorfer Tabelle. Als vor zwei Jahren die Tabellensätze dann angehoben wurden und der Große zwischenzeitlich auch zwölf Jahre war, flatterte prompt eine Unterhaltsabänderungsklage ins Haus. Die Anwältin seiner Ex-Frau war natürlich erfreut, als sie die Gehaltsmitteilungen meines Mannes sah. Mit seinen Steuerfreibeträgen und der Steuerklasse III sah das natürlich ganz passabel aus. Dass die Wohnung zur Hälfte mir gehört und ich die Steuern bezahle, unser Kind eine Tagesstätte besucht (die ja auch bezahlt werden muss), damit ich überhaupt arbeiten kann, das interessierte nicht. Meinem Mann wurde vorgeworfen, er würde Vermögen auf Kosten des Unterhalts der Kinder anhäufen. Dabei war die Wirklichkeit die, dass er ohne Freibeträge für die Wohnung und ohne Wiederverheiratung mit mir nicht in der Lage wäre, den Regelunterhalt zu zahlen. Aber nein, die Anwältin hat Lügen verbreitet, und vor dem Amtsgericht hatten sie auch Recht gekriegt und mein Mann wurde zur Zahlung des höheren Unterhalts verurteilt (seine arme Ex-Frau, zwischenzeitlich auch wieder verheiratet, war zum Zeitpunkt der Gerichtsverhandlung hochschwanger und den Vorsitz im Gericht hatte eine Frau). Und alle sind natürlich auf die Masche der armen verlassenen Ehefrau hereingefallen.
Ich konnte meinen Mann davon überzeugen, in die nächste Gerichtsinstanz zu gehen. Dies hat aber viel Zeit und Nerven gekostet. In den Köpfen der meisten Anwälte hat sich ja das Muster ›Mann verlässt Frau mit Kind und dafür muss er zahlen‹ festgesetzt.
Angeblich geht es ja immer um das Wohl der Kinder, ich habe dann halt mal nachgefragt, wo denn das Wohl meiner Tochter ist. Ich kann mir meine Partner ja aussuchen, aber meine Tochter konnte sich ihre Eltern und auch ihren Vater nicht aussuchen. Nach dem Urteil des Amtsgerichts war vor allem meine Tochter die finanzielle Verliererin. Der ganze Rechtsstreit hat

sich über eineinhalb Jahre hingezogen. Wir hatten in der zweiten Instanz Glück. Ein Richter hat sich unserer angenommen und meinen Mann und seine Ex-Frau zu einer Einigung gezwungen. Er zahlt jetzt 15 Euro!!! mehr als vorher. War es das wert? Das Verhältnis zwischen meinem Mann und seiner Ex-Frau ist total verkorkst und am meisten haben der Große und auch meine Tochter unter dem Streit gelitten. Zu allem Übel wurde ich während dieses Rechtsstreits (trotz Verhütung) erneut schwanger. Da ich mittlerweile aber dazugelernt habe, habe ich diese Schwangerschaft leider abgebrochen.

Denn eines habe ich daraus gelernt. In unserem Staat sind eben nicht alle Kinder gleich und sie haben auch noch alle nicht die gleichen Rechte. Die Kinder, die in die neuen Ehen von unterhaltszahlenden Vätern geboren werden, stehen schlechter als die Kinder aus erster Ehe und die weiteren Kinder von unterhaltsempfangenden Frauen. Der Steuervorteil durch das Ehegattensplitting kommt nämlich tatsächlich alleine meinem Mann zur Erfüllung seiner Unterhaltspflicht zugute (die neue Familie der Ex-Frau kommt voll in den Genuss des Ehegattensplittings).« *(Anabel)*

Der Schutz der Ehefrau und Mutter, der mit der Rechtsreform 1977 für die erste Ehefrau verwirklicht wurde, ist in weiten Teilen für die zweite Ehefrau nicht gegeben. Für die Zweitfrauen bedeuten diese juristischen Rahmenbedingungen der deutschen Gesetzgebung, in die ihre Beziehung zwangsläufig eingebunden ist, ein besonderes Konfliktfeld. Sie erleben immer wieder, dass weite Bereiche ihres Lebens in manchmal immer wiederkehrenden Abständen vom »Wohlwollen der Richter« abhängig sind und dass sie selbst keinen Einfluss darauf nehmen können. Persönliche Entscheidungen wie zum Beispiel Heirat, Anschaffungen tätigen, Kinderwunsch verwirklichen, die normalerweise in der Zweisamkeit der Partner getroffen werden, werden in Zweitfamilien jedoch nicht selten zu einem Rechtsproblem. Sie ziehen oft juristisch relevante Folgen nach sich, die für die Betroffenen nicht absehbar sind und bei denen auch von eigentlich fachlich kompetenter Seite, von beratenden Rechtsanwälten, widersprüchliche Auskünfte gegeben werden. Die Komplexität der Rechtslage und die Unterschiedlichkeit in der Rechtsauslegung und Rechtsprechung verwirren nicht nur Catrin.

> »Ich informiere mich ständig, doch gehen da die Meinungen oft auseinander. Leider sagen auch die Rechtsanwälte oft was anderes. Man ist in dem Wirrwarr von Paragrafen oft allein. Doch sollte man nicht aufgeben. Ich will mich absichern und ich will auf gar keinen Fall, dass seine Kinder mal von mir erben.« *(Catrin)*

Auch an dieser Stelle ist es unmöglich, allgemein gültige Hinweise für Zweitfamilien zu geben. Hier empfiehlt es sich, Kontakt mit beratenden Stellen, Juristen und Selbsthilfegruppen aufzunehmen. Einen Überblick über die wichtigen Fragen und Entscheidungen, die im Sinne einer Absicherung von Zweitfrauen und Zweitfamilie bedacht werden müssen, finden Sie im Kapitel »Status von Zweitehen und Zweitfamilien in Deutschland«, S. 191 ff. In jedem Fall sollten Partner einer Secondhand-Beziehung sich im Vorfeld einer Eheschließung oder der Planung gemeinsamer Kinder, des Erwerbs von Eigentum oder der Reduzierung beziehungsweise Aufgabe der beruflichen Tätigkeiten ausführlich mit den möglichen rechtlichen und finanziellen Konsequenzen auseinander setzen.

Auch in Bezug auf sorge- und besuchsrechtliche Fragen bei den Kindern des Gebrauchten Partners markiert der gesellschaftliche Rahmen den Handlungs- und Freiheitsspielraum einer Secondhand-Beziehung. Zwar ist die Zweitfrau Teil der neuen Partner- beziehungsweise Familienkonstellation, mit der die Kinder aus der vorhergehenden Ehe in der Regel zwangsläufig in Berührung kommen. Bei formal juristischen Entscheidungen bleibt sie jedoch unberücksichtigt und hat keinerlei Rechte, sich darin einzubringen. Auch wenn sie, wie Michaela, dauerhaft in alltagspraktische Lebensabläufe mit den Kindern des Partners involviert ist, kommt ihrer Person, ihrem Engagement oder auch nur ihren Wünschen rechtlich keinerlei Bedeutung zu. Nur wenige Richter oder Gutachter beziehen die neue Partnerin von Secondhand-Vätern in die Entscheidungsprozesse von Sorge- und Umgangsrecht ein. Michaela drückt diese Einflusslosigkeit sehr deutlich aus. In ihrer Familie steht eine neue Sorgerechtsentscheidung für die zehnjährige Tochter ihres Partners an, die nun beim Vater leben möchte, deren leibliche Mutter jedoch das Sorgerecht hat.

> »Mir wird immer wieder bewusst gemacht, ich bin nur die Zweitfrau. Jetzt, wo zum Beispiel das Sorgerecht für die Tochter meines Partners neu verhandelt werden soll. Jede Erzieherin, jeder Lehrer oder auch jede Tagesmutter würde dazu angehört werden, aber ich als zweite Frau, die sich ja tagtäglich um das Kind kümmert – werde nicht angehört. Ist schon ein Ding ... man kommt sich da schon ab und an mal als ein NICHTS vor ...
> Ich fühle als zweite Frau ... manchmal nicht ganz ernst genommen, zwischen vielen Stühlen sitzend ... es allen Seiten recht machen ... keine Rechte haben ... zumindest, was die Tochter meines Lebensgefährten angeht. Ich darf mir zwar Sorgen machen, aber viel mehr auch nicht ...« *(Michaela)*

Welche Vorteile und Benachteiligungen sich im täglichen Familien- und Partnerschaftsleben für die Betroffenen und vor allem für die Zweitfrauen aus den derzeitigen gesellschaftlichen Rahmenbedingungen ergeben, zeigen die Kapitel 2 bis 5 noch genauer. Die dort beschriebenen persönlichen Erfahrungen werden zum großen Teil von diesen kulturell-rechtlichen Gegebenheiten mitbestimmt. Glücksgefühle, Wut, Hilflosigkeit, Existenzängste oder Ohnmachtempfinden von Zweitfrauen, wie sie im Weiteren noch zum Ausdruck kommen, sind daher nicht einfach als individuelle, psychische Reaktionen von labilen Frauen abzuqualifizieren, die mehr oder minder gut mit der Vergangenheit ihres Partners leben können. Sie sind auch Folgen eines bestimmten gesellschaftlichen beziehungsweise politisch-juristischen Bildes von Frau und Familie, das Zweitfamilien und damit auch Zweitfrauen die erwähnte nachrangige Stellung zuweist. Es ist ein Leitbild, das den Gegebenheiten unserer modernen Gesellschaft nicht mehr gerecht wird und das den betroffenen Frauen und Männern so manches Problem aufbürdet. Um sich innerlich darüber hinwegsetzen zu können, ist oft ein langer Lernprozess notwendig.

Pamela hat im Laufe der Zeit das notwendige Selbstbewusstsein erlangt, um ihre Beziehung losgelöst von den einschränkenden Rahmenbedingungen wertschätzen zu können.

> »Natürlich gibt es viele Wenn und Aber gegen eine Zweitpartnerschaft. Aber es gibt auch vieles, was dafür spricht, mit einem Menschen in das Lebensboot zu steigen ... Mittlerweile denke ich, dass mein Glück nicht nur vom Gesetz abhängt. Natürlich ist es schön, wenn sich mal Gesetze so ändern, dass auch die Zweiten eine echte Chance haben ...« *(Pamela)*

Kennen Sie sich aus?

✗ Was wissen Sie über die rechtliche Situation der Zweitfamilie?

✗ Welche Punkte sind für Ihre persönliche Lebenssituation zur Absicherung der Lebensgrundlagen wichtig und sollten juristisch eindeutig geklärt werden?

Von Glücksgriffen und Traumata – Der Gebrauchte Mann als Partner

2

Im letzten Kapitel war vorrangig von den äußeren Rahmenbedingungen, also den gesellschaftlich-normativen Gegebenheiten die Rede, in denen eine Secondhand-Beziehung leben muss. Diese haben besonders dann Bedeutung, wenn die Partner wieder heiraten und vielleicht gemeinsame Kinder haben wollen. Aber die Besonderheiten einer dauerhaften Secondhand-Partnerschaft wirken sich nicht erst dann aus, wenn das Paar den Stempel des Standesamtes bekommen hat. Lassen Sie uns in den weiteren Kapiteln einen Blick in das Innenverhältnis einer solchen Beziehung werfen.

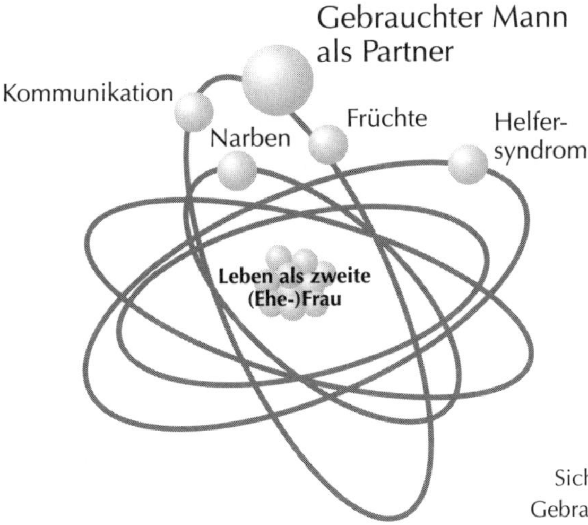

Abb. 5:
Sichtweisen zum
Gebrauchten Mann
als Partner

Wie gestaltet sich eine Secondhand-Partnerschaft zwischen den Partnern im Alltag? Welche Aspekte beeinflussen das Verhältnis zwischen einem geschiedenen Mann und seiner Zweitfrau, unabhängig davon, ob diese als nichteheliche Lebensgemeinschaft oder als Ehepaar zusammenleben?

Sicherlich ist es in der heutigen Zeit eher die Ausnahme, dass es Beziehungen gibt, in denen die Beteiligten nicht schon früher intensive Partnerschaften gehabt haben. Vor allem ab einem bestimmten Lebensalter erscheint es natürlich und rational verständlich, dass der Partner in keinem Fall »ungebraucht«, möglichst noch auf dem Silbertablett serviert wird. Dennoch weisen Frauen einer geschiedenen Ehe des Partners einen besonderen Stellenwert zu, ebenso wie sie auch heute noch für sich selbst eine Eheschließung in der Regel als eine endgültige Entscheidung, als eine Lebensentscheidung ansehen.

Das Scheitern der Ehe des Partners und manchmal auch das Scheitern einer eigenen längeren Beziehung haben Auswirkungen für die neue Partnerschaft. Diese können durchaus positiver Art sein und sozusagen als »Früchte der Vergangenheit« die Partnerschaft beeinflussen (vgl. das nachfolgende Kapitel), wie das bei Agnetha wohl der Fall zu sein scheint:

> »... auch ich habe einen so genannten Secondhand-Mann geheiratet. Ich habe allerdings einen Glücksgriff getätigt.«
>
> *(Agnetha)*

Die Erfahrungen der ersten Ehe und der Trennung können aber auch »Narben« hinterlassen, die die neue Partnerschaft dauerhaft belasten (vgl. Kapitel »Narben der Vergangenheit«, S. 56 ff.). Es ist vor allem die zweite Frau, die sich – wie hier Annerose – von den Narben der gescheiterten Ehe des Partners be- und getroffen fühlt. Für sie stellen die Auswirkungen der Vergangenheit ein dauerhaftes Thema in ihrer Beziehung dar, das prägt.

»... weil das ein Thema ist, was unsere Beziehung häufig stört, leitet und einfach nicht loslässt. Es hängt wie eine dunkle Gewitterwolke über dir und auch wenn du dir tausendmal vornimmst, es nicht an dich heranzulassen, diese verflixte Wolke regnet sich nicht einfach ab und ist weg, sondern begleitet dich.« *(Annerose)*

Früchte der Vergangenheit

Selbst wenn bislang die Secondhand-Partnerschaften eher als problemreich beschrieben wurden, sehen viele Frauen auch die positiven Aspekte in einer solchen Beziehungskonstellation. An erster Stelle wird meist das Erfahrungspotenzial der Männer genannt, das als Gewinn betrachtet wird und das konstruktiv in eine Folgebeziehung einfließen kann. Dieses Potenzial an Erfahrung umfasst auf der einen Seite den allgemeinen altersbedingten Zugewinn an Lebenserfahrung – Secondhand-Männer sind oft schon »reifere Jahrgänge«. Dagegen sind viele Frauen, deren Erfahrungen in dieses Buch eingeflossen sind, fünf bis zehn Jahre jünger als ihre Gebrauchten Männer und haben selbst häufig noch keine Erfahrungen mit einer eigenen Familie. Sie schätzen dann die breitere Lebenserfahrung des Partners, der viele alltagspraktische und familiäre Situationen schon einmal oder mehrmals bewältigt hat. Für diese Frauen ergibt sich daraus eine Quelle von Ruhe und Sicherheit. Sie vertrauen auf seine Umsichtigkeit und seine Abgeklärtheit.

Als weiteres positives Element einer Beziehung zu einem geschiedenen Mann werden die Lerneffekte hervorgehoben, die diese Männer aufgrund des Scheiterns ihrer ersten Beziehung gemacht haben. Den Männern wird von fast allen Frauen bestätigt, dass sie sich außerordentlich bemühen, Fehler der ersten Ehe nicht noch einmal wiederholen zu wollen.

Auch Heidi bescheinigt dies ihrem Partner und hat an sich selbst als ebenfalls geschiedene Frau den gleichen Anspruch. Dadurch werden der Umgang miteinander und die generelle Einstellung zur neuen Beziehung sehr geprägt.

> »... ich bin nicht die zweite Ehefrau, sondern werde die dritte Ehefrau werden. Erfahrungen: total positiv. Mein Mann hat aus den Fehlern der Ehen gelernt, weiß, was er braucht und was nicht. Wir (...) wissen, worauf es in einer Partnerschaft ankommt und was wichtig ist. (...) Zuerst war bei mir ein bisschen Vorurteil da, aber das hat sich schnell gelegt durch die alltäglichen Erfahrungen.« *(Heidi)*

Die Erfahrungen aus gescheiterten Beziehungen führen in diesem Fall zu einem behutsamen Miteinander und zu einem verantwortungsvollen Umgang mit der Partnerschaft. Ehe, Partnerschaft, Beziehung sind keine Selbstverständlichkeit mehr. Man(n) weiß zu schätzen, was man aneinander hat.

Dieses neue Partnerschaftsbewusstsein zeigt sich für viele Frauen auch darin, dass ihre Männer die Beziehung jeden Tag aufs Neue pflegen, dass sie versuchen, Monotonie und Routine zu vermeiden, dass Sie der Partnerin immer wieder aufs Neue spiegeln, wie viel sie ihnen bedeutet. Das kommt der Emotionalität vieler Frauen sehr entgegen. Aus den Berichten der Zweitfrauen erwächst der Eindruck, als ob speziell Secondhand-Männer eher in der Lage wären, die emotionalen Investitionen ihrer Frauen in die Partnerschaft anzuerkennen und sogar noch zu verzinsen. Ute rechnet diese Eigenschaften ihrem Partner hoch an und kann dies als persönliche Wertschätzung annehmen.

> »Die Vorteile für mich: Mein Mann weiß alles zu schätzen, was ich für ihn tue, sehr zu würdigen, und er ist sehr großzügig und dankbar. Er weiß, dass das alles keineswegs selbstverständlich ist. Er ist äußerst liebenswürdig, rücksichtsvoll, nett und freut sich über jede Kleinigkeit. Und das freut mich.« *(Ute)*

Zu den positiven Effekten einer Secondhand-Partnerschaft wird auch der gegenseitige Respekt gezählt. Ob und in welcher Form das Folge der gescheiterten Ehe sein kann, berichten die Zweitfrauen nicht direkt. Aber viele Frauen betonen, dass sie sich als gleichberechtigte Partnerinnen des Mannes fühlen. Sie sehen sich in ihrer Person und in ihren Wünschen akzeptiert und erleben den Partner als tolerant und verständnisvoll sowie emotional ihnen sehr zugewandt.

Elli bescheinigt diese besondere Form des Umgangs miteinander in manchen Partnerschaften auch aus der Sicht einer nicht persönlich betroffenen Frau.

> »Zweitehen und -partnerschaften zeichnen sich in meinem Umfeld durch eine besondere Abgeklärtheit bezüglich des Umgangs miteinander aus. Man gibt sich weniger Illusionen hin und zeigt sich doch sehr verliebt. Beneidenswert.« *(Elli)*

In diesem Zusammenhang werden einige Secondhand-Männer auch als besonders offen und kompromissbereit beschrieben. Dazu scheint für einige Männer auch die Bereitschaft zu zählen, Konflikte durch Gespräche zu bearbeiten und sich mit Problemen in der neuen Beziehung aktiv auseinander zu setzen. Hiermit kommen sie einem grundlegenden Bedürfnis der Zweitfrauen entgegen, das wir im Kapitel »Man kann doch über alles reden«, S. 66 ff., noch näher kennen lernen werden. Die Offenheit und Gesprächsbereitschaft gelten jedoch nicht für alle Themen des Zusammenlebens, wie wir im angeführten Kapitel noch genauer erfahren werden.

Auch in Bezug auf den Umgang mit gemeinsamen Kindern wird manchem Partner in einer Folgebeziehung eine weitere Form des bewussteren Lebens bescheinigt. Reife, Gelassenheit und verstärkte Anteilnahme der Männer am Leben eines gemeinsamen Kindes sind nach Ansicht der Zweitfrauen eine Folge der durch die erste Ehe und durch die Trennung gewonnenen Einsichten. Die Erfahrung, wie eng eine Trennung der Partner mit einer Entfremdung von den Kindern verbunden sein kann, mag einen wesentlichen Einfluss auf das Erleben der Vaterschaft haben. Die Vaterrolle wird in Folgefamilien oft viel intensiver gelebt, und alte, traditionelle Rollenaufteilungen verlieren an Bedeutung. Auch wenn es im 21. Jahrhundert eigentlich selbstverständlich sein sollte, scheint es für viele Frauen immer noch erwähnenswert, dass ihre Gebrauchten Männer sie bei der Bewältigung der Aufgaben im Haushalt tatkräftig unterstützen.

Ein so positives Urteil über die Secondhand-Beziehung, wie Heidi es weiter oben gegeben hat, können jedoch nur wenige Frauen unterschreiben. In der Regel sind es solche Frauen, deren Partner keine Kinder aus der früheren Ehe haben oder bei denen kein Kontakt mehr zur früheren Frau beziehungsweise Familie besteht. Dort, wo alle Brücken abgebrochen sind, können Erfahrungspotenzial und Lerneffekte unbeeinflusst zum Tragen kommen. Manchmal dauert es aber auch erst eine längere Zeit, bis die Secondhand-Paare positive Elemente ihrer Partnerschaft erkennen und genießen können.

Sowohl viele Männer als auch viele Frauen sagen rückblickend, dass besonders die Anfangszeit als sehr problematisch empfunden wurde. Sie werden dann Anabel zustimmen, dass zu Beginn einer Secondhand-Partnerschaft oftmals die »Altlasten« der geschiedenen Ehe überwiegen und diese den Blick auf die positiven und konstruktiven Aspekte des gemeinsamen Lebens verdecken.

> »Die Anfangszeit war sehr hart, aber nach nun sechs Jahren, wo alle Ecken und Kanten der Beziehung abgeschliffen sind und jeder seine Position gefunden hat, hat es sich gelohnt, auch Schlimmes durchzustehen und nicht gleich die Flinte ins Korn zu werfen. Ich denke, so schnell kann uns nichts mehr aus der Bahn werfen.« *(Anabel)*

Der Zeitraum, den Zweitfamilien benötigen, um zu einer Gemeinschaft zusammenzuwachsen, die von ihnen als glücklich bewertet wird, beträgt oft mehrere Jahre. Bis dahin gibt es viele Phasen, in denen beide Partner bereits mehrmals kurz davor stehen, die Koffer zu packen, und das nicht, um in Urlaub zu fahren ...

Was zeichnet Ihre Partnerschaft aus?

- ✗ Sehen Sie in Ihrer Beziehung auch Vorteile darin, dass Ihr Partner schon eine dauerhafte Beziehungserfahrung hat?
- ✗ In welchen Situationen können Sie das positiv empfinden?
- ✗ Wenn Sie selbst auch schon einmal verheiratet waren, welche Erfahrungen oder Lerneffekte können Sie positiv in die jetzige Partnerschaft einbringen?

Narben der Vergangenheit

Nicht alle Paare schaffen es, die problematischen Phasen einer Secondhand-Beziehung zu überstehen. Manche Zweitfrau ist in den ersten Jahren ihrer Partnerschaft mit einem geschiedenen Mann nicht in der Lage, aus der Eheerfahrung ihres Partners irgendwelche positiven Aspekte für ihre momentane Beziehung abzuleiten.

> »Nein, ich sehe überhaupt keine positiven Seiten an der ersten Ehe meines Mannes. Ich wünsche mir nichts mehr, als dass diese Ehe und alle daraus resultierenden Probleme nicht existieren würden.« *(Silvie)*

Wie bei Silvie überwiegen oft die Narben der Vergangenheit im subjektiven Erleben. Sie prägen das Gesicht der neuen Beziehung markant. Es sind Narben, die dem Leben in diesen Beziehungen die Unbeschwertheit nehmen – ein für Verliebtheit sonst charakteristisches und wichtiges Gefühl.

Aus Sicht von Zweitfrauen zählt zu den Narben der Vergangenheit unter anderem, dass viele Männer mit starken Schuldgefühlen zu kämpfen haben. Schuldgefühle zum Beispiel der ehemaligen Frau gegenüber, wenn der Mann diese – vielleicht sogar »wegen einer anderen« – verlassen hat, und vor allem gegenüber ihren Kindern, denen sie nicht mehr in der Vaterrolle begegnen können, die sie ja eigentlich angestrebt hatten. Solche Schuldgefühle beeinflussen indirekt das Partnerschaftsleben und prägen den Rollenwechsel vom Partner/Vater zum Vater/Partner, den wir im Kapitel »Von Partner-Vätern und Väter-Partnern«, S. 76 ff., noch näher kennen lernen werden.

Die Schuldgefühle selber sind jedoch nur selten ein Thema, das vom Gebrauchten Mann direkt angesprochen wird. Nach außen versuchen die Männer manchmal eher den Anschein zu erwecken, dass ihre geschiedene Ehe auf das »Konto Jugendsünde« zu buchen sei. Sie glauben oft selbst, dass sie diese »als Irrtum abgehakt« haben und davon kein Einfluss mehr auf die emotionale Ebene der folgenden Partnerschaften ausgeht. Bei genauem Hinsehen ist dem nur in den wenigsten Fällen so!

Selbst wenn Narben äußerlich kaum noch zu erkennen sind, sind sie sehr sensible Stellen, deren Existenz »mann« oft verleugnet. Sie werden aber manchmal gerade dann deutlich fühlbar, wenn es gar nicht erwartet wird. Keine Ehe, die, aus welchen Gründen auch immer, geschieden wird, hinterlässt nicht auch schlechte Erfahrungen, Trauer, Wut, Selbstzweifel, Vertrauensverluste, Überempfindlichkeiten oder Angst vor Wiederholungen. So wie Astrid es vermutet, berichten viele Frauen aus ihrer Beziehung, dass ihre Partner – bewusst oder unbewusst – Erfahrungen mit der ehemaligen Frau auf ihre Person übertragen – und die Männer treffen damit eine ganz empfindliche Stelle bei ihrer Partnerin.

> »Ich frage mich dabei aber (denn das weiß ich von anderen Beziehungen, zum Beispiel mein Vater und Freundin, meine Freundin und ihr Freund, der geschieden ist, etc. etc. ...), ob es neben dem Lerneffekt nicht auch einen – sagen wir mal – ›Traumatisierungseffekt‹ gibt. Das heißt, man projiziert auf den neuen Partner schlechte Eigenschaften des alten Partners oder schreckt vor bestimmten Situationen zurück, wo man schlechte Erfahrungen gemacht hat. Oder man vergleicht ständig ...«
>
> *(Astrid)*

Es sind die Kleinigkeiten des alltäglichen Zusammenlebens, die so eine besondere Brisanz bekommen. Das nicht abgewaschene Geschirr in der Küche kann zu ernsthaften Krisen führen, wenn der Partner einerseits dadurch Entwicklungen seiner früheren Ehe reproduziert sieht und andererseits die Zweitfrau sich mit der ersten Frau in »einen Topf« geworfen glaubt. Auch Kim hat damit ihre Probleme:

> »Er denkt oft, dass ich genauso wie seine Ex-Frau bin, und reagiert heftig, obwohl kein Anlass dazu besteht. Er lehnt vieles ab, das ihn an seine Ex-Frau erinnert, zum Beispiel Gemüse, Vollkornprodukte, Homöopathie, alternative Medizin, ernste Gespräche ...« *(Kim)*

Nichts ist für eine Zweitfrau schmerzlicher, als mit der Ehemaligen verglichen zu werden. Ähnlichkeiten mit ihr sind ja Ähnlichkeiten mit einer Frau, die der Partner nicht mehr liebt. Zweitfrauen gewinnen ihre Identität und ihr Selbstwertgefühl in einer Secondhand-Beziehung vor allem dadurch, *anders* zu sein als die frühere Frau. Die Andersartigkeit erscheint wie ein Garant für das neue Glück. Stina hebt ihr Auftreten als Abgrenzungsmerkmal hervor, andere versuchen sich zum Beispiel äußerlich deutlich von der Ex-Frau abzuheben.

> »Ich bin ein gern gesehener Gast und viele sind erstaunt, dass mein Freund nun eine so selbstbewusste, kühne und energische Freundin hat. Ich bin wohl genau das Gegenteil seiner Frau.« *(Stina)*

Manche Zweitfrau ist krampfhaft bemüht, in Verhalten und Gewohnheiten alle nur denkbaren Ähnlichkeiten mit der Ex-Frau ihres Gebrauchten Mannes zu vermeiden, und verbiegt dabei ihre eigene Persönlichkeit fast vollständig:

- Sie hört auf, Brahms zu lieben, weil das »die Ex« getan hat,
- sie bereitet die Mahlzeiten grundsätzlich ohne den von ihr geliebten Knoblauch, weil er Knoblauch nicht mag und »die Ex« darauf nie Rücksicht genommen hat,
- sie verzichtet auf den wöchentlichen Einkaufsbummel mit der besten Freundin, weil der Secondhand-Partner die Verschwendungssucht seiner Ex-Frau rügt und die Sparsamkeit seiner Zweitfrau lobend hervorhebt.

Es sind oft nur Kleinigkeiten, die auf sensible Stellen einer Zweitfrauenidentität treffen. Auf Dauer können sie jedoch wie ein steter Tropfen die Beziehungsqualität aushöhlen.

Wie tief und dauerhaft manche Narben in Wirklichkeit sind und wie sehr die Vergangenheit noch zwischen Secondhand-Mann und einer neuen Partnerschaft steht, erkennen Zweitfrauen oftmals erst sehr spät, manchmal sogar erst, wenn auch diese Beziehung gescheitert ist. Einige Zweitfrauen müssen sich im Laufe der Beziehung eingestehen, dass sie die Situation völlig unterschätzt haben, dass ihr Partner weit stärker in seine Probleme verstrickt ist, als sie sich zu Beginn der Beziehung eingestehen wollten. Eine schmerzliche Erkenntnis, denn oft stellte gerade dieser Neuanfang auch für die neuen Frauen eine Herausforderung dar. Rückblickend urteilen sie, dass ihre Gebrauchten Männer viel zu schnell eine neue Beziehung eingegangen seien, dass der Partner mit der alten Verbindung längst noch nicht abgeschlossen hätte.

Stellvertretend für viele andere Frauen muss auch Tanja zugeben, dass sie als neue Partnerin die komplexen Zusammenhänge »blind vor Liebe« übersehen hatte.

> »Ich bin genau zum falschen Zeitpunkt gekommen, als sie nämlich aus dem gemeinsamen Haus mit den Kindern auszog. Und ich bin ohne Vorwarnung und blind vor Liebe in ein absolutes Chaos gekommen. Er war völlig am Ende, seine Kinder sehr, sehr mitgenommen, und ich kam mir vor wie der rettende Engel. Die Kinder haben mich allerdings fast sofort total lieb gehabt, da ich ja nicht der Grund für die Trennung war, dafür hat der neue Partner der Mutter allen Hass, vom Vater und den Kindern, abbekommen. Aber ich hatte die Situation völlig unterschätzt, mein Freund war überhaupt nicht fähig, wieder eine Beziehung einzugehen oder sich Gedanken über eine neue Zukunft zu machen.« *(Tanja)*

Manche Männer mögen tatsächlich aus den Fehlern ihrer ersten Ehe gelernt haben, andere sehen in einer möglichst schnellen Flucht in eine neue Partnerschaft die Möglichkeit zur Kompensation der Trennungsproblematik und zur Rekonstruktion ihres männlichen Selbstwertgefühles. Die Statistiken belegen dies anschaulich. Geschiedene Männer gehen wesentlich schneller eine neue Partnerschaft oder Ehe ein als geschiedene Frauen. Das mag viele Gründe haben, ein Zusammenhang mit der mangelnden Fähigkeit und der Bereitschaft zur Bearbeitung der Beziehungsvergangenheit ist allerdings nicht von der Hand zu weisen.

Aus Sicht eines Secondhand-Mannes stellt sich die Situation exemplarisch so dar, wie Peer sie beschreibt.

> »Auch ich hatte, nachdem meine Frau auszog, wegen eines anderen, eine intensivere Beziehung zu einer anderen. Hatte gedacht, ich brauche sie, um zu vergessen. Aber das funktioniert nicht. Obwohl ich sie wirklich mag und ich weiß, sie würde mir alles geben, musste ich die Beziehung abbrechen. Sie fühlte sich ziemlich vor den Kopf gestoßen, aber ich kann nicht anders, wenn ich ehrlich bin. Muss die ganze Sache erst verarbeiten. Weiß nicht, ob ich überhaupt wieder zu einer Beziehung fähig oder bereit bin. Also so viel zum Gebrauchten Mann – aus einer anderen Perspektive.« *(Peer)*

Mit ihrem Wunsch nach schneller Kompensation der Trennungsverluste treffen die Männer allerdings auch auf fruchtbaren Boden. Einige Frauen übernehmen bereitwillig die Aufgabe, den Secondhand-Männern bei der Bewältigung ihrer Vergangenheit zu helfen – sie frei zu machen für eine neue Partnerschaft mit ihnen. Sie stehen als »rettende Engel« bereitwillig zur Verfügung.

Was kennzeichnet Ihre Partnerschaft?

- ✗ Hat das Scheitern seiner Partnerschaft/Ehe bei Ihrem Partner Narben hinterlassen?
- ✗ Wie wirkt sich das auf Ihre jetzige Beziehung aus?
- ✗ Wie gehen Sie beide damit um?
- ✗ Welche Bedeutung hat Ihre eigene Partnerschaftsvergangenheit/Ehe für Ihren Gebrauchten Mann?

»Rettende Engel« oder »Hilfe als Selbsthilfe«

Frauen mit einem geschiedenen Partner haben hohe Ansprüche an ihre eigenen Aufgaben in dieser Partnerschaft. Sie wollen in einer Person Partnerin, Freundin und manchmal auch Therapeutin sein. Vordergründiges Ziel ist es, ihm bei der Bewältigung der Probleme aus der Vergangenheit zu helfen. Diese Probleme liegen einerseits auf der Ebene der Abwicklung der formaljuristischen Folgen einer Scheidung und andererseits auf der Ebene der Rekonstruktion des Selbstbewusstseins des Partners und der Bewältigung seiner Trennungsfolgen.

Ganz praktisch und pragmatisch gefordert fühlen sich die Zweitfrauen, wenn es um die juristische Abwicklung der Scheidung ihres Partners geht. Wie Brunhilde hier beschreibt, sehen sich die neuen Partnerinnen durch den juristischen Schlagabtausch der ehemaligen Ehepartner in ihrer Lebensplanung und in ihrem Alltag ganz massiv beeinflusst.

»Was die rechtlichen Dinge angeht, habe ich ihn sehr unterstützt. Ich habe viele Anwaltsdinge geregelt und wir haben auch einen Prozess durch meine Unterstützung für uns entschieden. Ich schreibe hier bewusst von ›uns‹, da es meine Sicht genau trifft. Schließlich muss ich heute mit den Konsequenzen dieser Ehe leben und ich wollte – soweit es mir überhaupt in so einer Situation möglich ist – dazu beitragen, dass die Dinge bestmöglich für unsere neue Familie geregelt werden.« (*Brunhilde*)

Es scheint für die Zweitfrauen nicht nur eine Kränkung zu sein, dass sie aus der rechtlichen Sichtweise bei Entscheidungen um Unterhalt und Umgangsrecht keine Berücksichtigung finden. Sie sehen es vor allem als Bedrohung ihrer Zukunft und als Bedrohung der Zukunft der Partnerschaft an. Der eigene Lebensentwurf wird zum Maßstab der Beurteilung dessen, was zu tun ist und welche juristischen Wege der Partner gehen sollte. Aufgrund dieser existenziellen Ängste um die Zukunft der Partnerschaft versuchen die Zweitfrauen ihre Männer in jedem Fall emotional aufzubauen, zu unterstützen und auch zu trösten, wenn juristische Entscheidungen zuungunsten des Partners getroffen werden. Aber darüber hinaus werden sie auch selbst aktiv.

Viele Zweitfrauen sprechen mit Anwälten, besorgen sich Literatur über rechtliche Fragen, organisieren die Abläufe der Besuchswochenenden. Es ist oftmals mehr als eine reine Unterstützung des Secondhand-Mannes bei der Abwicklung der Scheidungsfolgen – es ist ein »Selbst-in-die-Hand-Nehmen« der Angelegenheit. Der Umgang der Männer mit den anwaltlichen und gerichtlichen Verfahren wird von den Zweitfrauen häufig als zu kompromissbereit und zu wenig kämpferisch beschrieben. So empfindet auch Anni das Verhalten ihres Partners und leitet daraus ihren Handlungsauftrag ab.

»Ich möchte meinem Partner ein Freund und Helfer sein, ihn unterstützen, sich nicht unterbuttern zu lassen, ihn ein Stück vorantreiben, damit er etwas unternimmt, wenn die Forderungen ungerecht sind. Früher hat er immer nach dem Motto gehandelt: Es kommt ja dem Sohn zugute, und Hauptsache, ich habe meine Ruhe.« *(Anni)*

Nicht nur Anni unterstellt dem Partner Schuldgefühle, übertriebene Gutmütigkeit oder grundsätzliche Konfliktscheu und erklärt sich damit dessen zurückhaltendes Vorgehen bei den Auseinandersetzungen im Zuge der Trennung. Eine weiche, abwartende oder fatalistische Herangehensweise entspricht manchmal ganz und gar nicht den Vorstellungen der Zweitfrau. Sie würde sich eher ein tatkräftiges, offensives und um die eigene Zukunft kämpfendes Handeln ihres Partners wünschen. Mit ihrem persönlichen Engagement wollen die Zweitfrauen nicht ausdrücklich der ersten Familie schaden – im Gegenteil. Viele der juristisch aktiv mitagierenden Zweitfrauen legen ausgesprochenen Wert auf die Feststellung, dass sie bei ihrer Unterstützung das Wohl der früheren Familie nicht außer Acht lassen. Ob das die ehemalige Familie auch so sieht und sich damit beispielsweise Stinas Auffassung anschließen würde, mag dahingestellt sein.

»Mir ist es im Grunde sehr wichtig, meinem Partner bei der Problembewältigung zu helfen, wenn ich erkennen kann, dass er überfordert ist oder nicht weiß, was er machen soll. Ich versuche eine Lösung zu finden, mit der alle zufrieden sein können.« *(Stina)*

Die Motivation, den Partner zu unterstützen, ist nur ein Motiv für das manchmal außerordentliche Engagement der Zweitfrauen. Damit rechtfertigen diese ihre Handlungsweise sich selbst gegenüber und nach außen. Unbewusst stehen allerdings in der Regel noch andere Motive hinter den Aktivitäten. Sowohl auf der juristischen als auch auf der partnerschaftlichen Ebene fühlen viele Zweitfrauen sich nicht genügend gesehen. Sie sehen ihre Bedürfnisse nicht erkannt und nicht anerkannt. »Huckepack« mit der Unterstützung des Partners versuchen sie sich darum indirekt auch Gehör und Akzeptanz für eigene Gefühle und Bedürfnisse zu verschaffen, als da sind:

- Sicherheit,
- Anerkennung,
- Selbstbestimmung,
- Entscheidungsfreiheit.

Vielleicht wollen sie diese Bedürfnisse und Gefühle auch gar nicht so deutlich verbalisieren, um die eigene Partnerschaft nicht mit noch mehr Problemen zu belasten. So übernehmen sie die Rolle als Co-Anwalt, Co-Vermittler, Co-Organisator. Diese gibt den Zweitfrauen auf jeden Fall das Gefühl, etwas unternehmen zu können, ihre Geschicke nicht ganz aus der Hand zu geben, sondern selbst in ihrem Sinne beeinflussen zu können.

Neben der pragmatischen Hilfe auf den Schauplätzen der Scheidungskämpfe fühlen sich die neuen Partnerinnen zusätzlich für die Psyche der Secondhand-Männer zuständig. Wie Dorothee sehen viele Zweitfrauen eine Aufgabe in der Reparatur des Selbstwertgefühls des Mannes.

> »Damals war ich 23 Jahre alt und ich hatte keine Ahnung, was da auf mich zukam. Erst einmal weckte er mein ›Helfersyndrom‹. Wie ein armer, verletzter Welpe stand er vor mir. Der Stolz war gebrochen, das Ego im Eimer und das Wort Selbstbewusstsein gestrichen. Wer kann da widerstehen?
> Man muss dem Mann doch helfen, ihm neue Kraft und Zuversicht geben. Das Vertrauen zu Frauen muss repariert werden. Der Beweis, nicht alle Frauen sind so, muss gezeigt werden. Schon sitzt du im Boot und paddelst mit.« *(Dorothee)*

Das von Tanja am Ende des letzten Kapitels geschilderte Gefühl, sie wäre sich vorgekommen wie »ein rettender Engel«, und auch Dorothees Eindruck, ihrem Mann zu einem neuen Selbstbewusstsein verhelfen zu müssen, decken sich mit verschiedenen anderen Beiträgen, in denen die Frauen rückblickend erkennen, dass sie in der Partnerschaft einem Helfersyndrom zum Opfer gefallen sind.

Dieses Phänomen zeigt sich häufig in Beziehungskonstellationen, in denen ein hoher Altersunterschied von rund zehn Jahren vorliegt oder in der die Trennung des Mannes zeitlich noch nicht lange zurückliegt. Nicht selten haben die Männer in diesen Secondhand-Beziehungen sich nicht freiwillig aus ihrer Ehe gelöst, sondern wurden von den Ehefrauen verlassen. Die neuen, oft wesentlich jüngeren Partnerinnen wollen ihnen dann den Glauben an die Liebe zurückgeben. Sie definieren ihre selbst gewählte Aufgabe in der Beziehung damit, das Selbstbewusstsein des Partners wiederherzustellen.

Es ist dabei nicht nur das »männliche Ego«, auch das »väterliche« Selbstwertgefühl ist Ziel der »Wiederaufbauhilfe« der Frauen. Sie betreiben allgemeine Trauerarbeit über die zerbrochene Ehe, die Trennung von den Kindern und Verarbeitung anderer Narben.

> »Wir haben beide unsere Narben aus der vergangenen Ehe mitgenommen, wir reden sehr viel über unsere Vergangenheit und bemühen uns gegenseitig um Rücksicht und Verstehen. Es ist uns beiden wichtig, über unsere Narben zu sprechen, denn nur so können wir den anderen verstehen und auch bestimmte Reaktionen in bestimmten Situationen besser auffangen und den anderen unterstützen. Uns helfen oftmals auch lange Spaziergänge, wenn wir vielleicht im Gespräch die Worte nicht so finden oder setzen können, wie wir möchten. In einer anderen Umgebung ist das oftmals leichter.« *(Inka)*

Diese Trauerarbeit findet, wie Inka es beschreibt, oft in Form gemeinsamer Gespräche statt. In diesen wird über die Vergangenheit, über das vorherige Beziehungs- und Familienleben und über mögliche Gründe des Scheiterns gesprochen.

Wie sieht es in Ihrer Partnerschaft aus?

- ✗ Ist es Ihnen wichtig, Ihrem Partner bei der Bewältigung seiner Probleme aus der früheren Ehe zu helfen?
- ✗ Was tun Sie genau und warum ist Ihnen diese Hilfe wichtig?
- ✗ Wie reagiert Ihr Partner auf Ihre Unterstützung?
- ✗ Wie geht Ihr Partner selbst mit seiner Vergangenheit um?

Man kann doch über alles reden – kann und soll Man(n)?

Das Bedürfnis nach Gesprächen über die Vergangenheit scheint sehr unterschiedlich ausgeprägt zu sein. Nur wenige Zweitfrauen berichten, dass es ein explizites Anliegen ihrer Männer ist, sich die Vergangenheit von der Seele zu reden. Corinna ist da eher eine Ausnahme.

»Ich war für meinen Partner da, um einfach zuzuhören, den Werdegang der Ehe zu erfahren und seine Ängste und seine Wut über die Anfälle der Ex zu erfahren. Das empfand ich als sehr wichtig und er auch.« *(Corinna)*

Ob dies aber für Corinnas Partner tatsächlich so wichtig war, wie sie es annimmt und wie es ihrem eigenen Bedürfnis entspricht, könnte nur er persönlich beantworten. Es gibt offenbar quantitativ nur wenige Secondhand-Männer, die in ihren neuen Partnerinnen unbewusst gleichzeitig auch Therapeutinnen sehen, mithilfe derer sie selbst die Vergangenheit aufarbeiten. Eher das Gegenteil scheint der Fall zu sein.

Von sich aus suchen nur die wenigsten Männer das Gespräch über die Vergangenheit, über die Dinge, die sie bedrücken, über all das, was sie traurig oder sogar ängstlich macht. Die Beziehungsvergangenheit ist aus Männersicht oft sogar ein Tabuthema zwischen den neuen Partnern, das nur unfreiwillig von den Gebrauchten Männern angeschnitten wird. Besonders tabuisiert sind häufig die intimen Bereiche der früheren Ehe, die mit starken Gefühlen verbunden sind, so wie zum Beispiel Zeiten der Verliebtheit oder Geburtserlebnisse der Kinder. Auch der »Sex mit der Ex« ist sicherlich dabei ein ganz besonders problematisches Thema.

Für die Zweitfrauen sind Informationen aus dem Intimbereich der Ehe des Gebrauchten Mannes einerseits mit Neugierde und andererseits auch mit Angst besetzt. Egal, ob er das Intimleben seinerseits positiv oder negativ schildert, es entsteht dadurch eine Vergleichs-, manchmal auch eine Konkurrenzsituation, die das neue gemeinsame Beziehungsleben beeinflusst. Beides rüttelt am Selbstverständnis der zweiten Frau.

Kommunikative Aufarbeitung der Vergangenheit ist also nicht für alle Männer der Weg, den sie für den richtigen halten. Es sind meist die neuen Partnerinnen, die sich mit und über die Vergangenheit des Secondhand-Mannes auseinander setzen wollen. Sie haben häufig den Eindruck, ihr Partner würde vieles verdrängen und sich über die eigene Rolle beim Scheitern der vorherigen Ehe nicht genügend Rechenschaft ablegen. Sie haben Sorge, Unbearbeitetes würde einfach beiseite geschoben und könnte die neue Partnerschaft belasten. Für die Zweitfrau ist es oft ein Liebesbeweis, sich mit den Problemen des Partners zu beschäftigen und sie konstruktiv zu handhaben.[20]

Auch Kim möchte mehr von der Vergangenheit wissen, als ihr Mann von sich aus erzählen würde.

> »Wenn es nach meinem Partner ginge, wäre wohl seine ganze Vergangenheit ein Tabuthema. Er erzählt fast nur, wenn ich ihn mit Fragen überhäufe. Ich will immer alles ganz genau wissen und spreche ihn oft auf seine Ex-Frauen an.« *(Kim)*

Was bedeutet dieser Wissensdurst? Dahinter steht oftmals ein von den Zweitfrauen selbst nicht erkanntes Bedürfnis nach Absicherung der eigenen Position in der neuen Beziehung. Dort, wo die Grenzen nach außen und die Verbindungen zur Vergangenheit so durchlässig sind, können Gespräche über die Vergangenheit eine Form der Rückversicherung darstellen: Wissen um der Gewissheit willen. Auf der einen Seite sollen die Gespräche sicherlich dem Partner helfen – auf der anderen Seite sind sie unbewusst auch Selbstzweck für die Partnerin. Diese kann im Rahmen von Gesprächen ihre Position als Zweitfrau klären und absichern.

Nina zum Beispiel geben lange Gespräche mit ihrem Gebrauchten Mann das Gefühl, gebraucht zu werden, ihrem Partner wirklich etwas zu bedeuten. Sie fühlt sich dann nicht nur geduldet, sondern glaubt als Gesprächspartnerin eine wichtige Funktion in der Beziehung zu haben. Sie kann sich durch die Gespräche vergewissern, ob die erste Ehe innerlich für den Partner Manfred abgeschlossen ist und ob er tatsächlich mit beiden Beinen in der neuen Beziehung steht.

»Das war für mich sehr beruhigend, weil es mir Sicherheit gab. Ich wusste, was in ihm gerade vorging, woran er gerade arbeitetet ... und umgekehrt. Wenn Manfred mir von sich erzählte, von seinen Ängsten, von seinen schlechten und guten Erinnerungen an früher, von seiner Trauer ... dann fühlte ich mich ganz und gar nicht als Zweitfrau!!! So habe ich ihn ja auch kennen gelernt, dass er mir von sich erzählt hat ... Verstehst du, was ich meine?« (Nina)

Im Drahtseilakt Secondhand-Beziehung ist das Miteinander-Reden also das Netz, das ein Sicherheitsgefühl vermitteln soll. Zu Beginn einer solchen Partnerschaft mag so eine kommunikativ geprägte, fast schon therapeutisch anmutende Gemeinschaft eine Erleichterung oder einen Rettungsring für die Rollenfindung der Zweitfrau darstellen.

Doch Vorsicht: Mit der Zeit kann sich daraus ein Bumerang entwickeln! Je mehr die neue Partnerschaft zum Kristallisationspunkt der Aufarbeitung der Vergangenheit wird, umso belastender kann dies für die Beziehung und vor allem für das emotionale Gleichgewicht der Zweitfrau werden (vgl. Kapitel »Distanz als Weg zur Nähe«, S. 171 ff.). Unabhängig davon, ob sie oder der Secondhand-Partner das Bedürfnis nach klärenden Gesprächen hat, es erwachsen daraus meist irgendwann Abgrenzungsprobleme. Wie Sybille schaffen es dann manche Zweitfrauen nicht mehr, sich von den Problemen des Partners zu distanzieren. Seine Probleme werden schnell Teil ihres Lebens.

»Das Problem war jedoch, dass es mir dabei nicht gut ging und ich nunmehr von seiner Ex-Frau träumte und in jeder (blonden) Frau sie sah, teils aus Eifersucht und Neid, aber auch aus Angst, er könnte vielleicht zu ihr zurückgehen, obwohl er das in ›Millionen Jahren‹ nicht tät. Unsere Gesprächsthemen konzentrierten sich auf Ex-Frau und Kinder. Meine Bedürfnisse blieben auf der Strecke. Auch bei seinen Verwandten ging es meist um das Thema Nr. 1 – Ex-Frau, und viele nannten sie noch immer

›seine Frau‹; mir gegenüber nicht böse gemeint, aber die Macht der Gewohnheit. Das war hart für mich.
Er suchte anfangs eine starke Schulter bei mir, aber meine war zu schwach. Ihm ging es mit der Zeit besser und ich zeigte nach außen hin für vieles Verständnis. (...) Aber wie es mir im Innersten ging, sah keiner. Ich wurde immer depressiver, unsicherer und meine Nerven wurden dünner und dünner.«

(Sybille)

Ohne es zu merken, verleitet das Helfersyndrom die Frauen dazu, die Verantwortung für die Verarbeitung der Vergangenheit und für das Zusammenspiel zwischen eigener Partnerschaft und Ex-Familie des Gebrauchten Mannes zu übernehmen und sich zu sehr zu engagieren. Wie sehr seine Probleme zum Teil des eigenen Lebens werden und wie belastend dies für die psychische und emotionale Befindlichkeit der Zweitfrau häufig ist, zeigt sich darin, dass es dann die Frauen sind, die den Weg zum Therapeuten oder zur Lebensberatung gehen. Sie brauchen und suchen Hilfe von außen. Sie erhoffen Unterstützung bei professionellen Stellen oder in Selbsthilfegruppen – Hilfe für die »Schwelbrände auf ihrer Seele«, wie eine Zweitfrau dies sehr plastisch beschrieb.

Diese »Schwelbrände« und das Ausmaß der empfundenen Belastungen durch die Vergangenheit des Partners sind von den Secondhand-Männern nicht immer nachzuvollziehen. So wie Sybille sehen sich dann viele Frauen mit der Tatsache konfrontiert, dass der Partner ihre engagierte Unterstützung gar nicht entsprechend zu würdigen weiß. Und nicht nur das: Der Gebrauchte Mann kann *ihre* Aufregung, *ihre* Sorgen, *ihren* Drang, etwas gegen die ständigen Eingriffe von außen zu unternehmen, noch nicht einmal verstehen.

»... aber Sicherheit gibt mir eigentlich nichts, auch mein Partner nicht, da wir oft unterschiedlicher Meinung sind und er meine Ängste, Sorgen und Grübeleien nicht nachvollziehen kann.

> Für ihn zählen nur Fakten und Logik, die ich mit meinem Gefühlswirrwarr nicht untermauern kann.« *(Sybille)*

In Sybilles Beispiel zeigen sich die unterschiedlichen Einschätzungen und das oft unterschiedliche Bedürfnis, über die Ex-Familie und deren aktuellen Einfluss auf das tägliche Leben in der Secondhand-Partnerschaft zu reden. Dabei handelt es sich aber nicht nur um ein simples Kommunikationsproblem zwischen Zweitfrau und Gebrauchtem Mann. Es werden darin grundsätzliche Unterschiede zwischen der Einschätzung der Situationen deutlich:

- *Er* zeigt sich »cool«.
- *Sie* belastet die Situation.
- *Er* will sich nur in den Fragen mit Anwälten, Gerichten oder auch seiner Ex-Frau auseinander setzen, in denen er eine reelle Chance zum Gewinn sieht.
- *Sie* ist eher der Meinung, dass man auf jeden Fall alles versuchen muss, auch wenn die Chancen nur minimal sind.

Diese unterschiedliche Einschätzung einer Situation und der für erforderlich gehaltenen Reaktionen darauf sind eine tiefe Kränkung für manche Zweitfrau. So fühlt sich auch Kathi in ihren Emotionen und in ihrer Sorge um die Zukunft der Partnerschaft nicht ernst genommen.

> »Was er wohl nie verstanden hat, war, dass ich innerlich nie zur Ruhe gekommen bin und die Distanz zur Ex-Familie, die ich immer als Störfaktor gesehen habe, nicht gefunden habe. Er sagte immer, es tritt sich alles tot, und ich habe mich mit meinen Sorgen nicht ernst genommen gefühlt. Er hatte ein Alibi für die Untätigkeit, ich habe die Notwendigkeit des Handelns gegen die Ex-Familie gesehen, wenn sie immer wieder in unser Leben hineinklagen und hineinschnüffeln mussten.« *(Kathi)*

Ob diese Fixierung auf die Probleme des Partners in dessen Sinne ist, wird von den Frauen selbst meist nicht hinterfragt. Auch wird dieser meist nicht explizit gefragt, wie es ihm mit einer Zweitfrau als »Co-Trainerin« gehe. Auf jeden Fall weckt ihr eigenes Engagement in den Frauen selbst die Erwartungshaltung, dass die Männer sich im Gegenzug für die Probleme der Zweitfrau ebenso verantwortlich fühlen und sie unterstützen. Manche Zweitfrauen, die sich ihrerseits sehr intensiv mit dem Seelenleben ihres Gebrauchten Mannes beschäftigen, sind tief enttäuscht, wenn dieser ihren persönlichen Problemen gegenüber mit Unverständnis reagiert, diese nicht ernst genug nimmt und ausweichend beziehungsweise distanziert reagiert.

Anna bringt deutlich zum Ausdruck, wie sehr sie solch ein Verhalten als mangelnde Loyalität empfindet.

> »Womit ich aber nicht gerechnet hatte: Mein Freund ließ mich bei alldem völlig allein und nahm meine Probleme mit meinem Vater noch nicht einmal ernst (...) in dem Moment waren seine Statements wie ›Das kann doch gar nicht sein‹ oder ›Das siehst du jetzt viel zu negativ‹ vollkommen daneben, und ich merkte, wie ich allmählich aufhörte, ihn zu lieben. Meinem Bild von einer Partnerschaft, in der man den anderen ernst nimmt und mit ihm mitfühlt, entsprach seine Reaktion überhaupt nicht, zumal mein Freund auch nichts unternahm, um mir zu helfen.«
>
> *(Anna)*

Das Gefühl von gegenseitiger Loyalität ist jedoch auch in der heutigen Zeit ein wesentlicher Baustein von Partnerschaften. Fehlt dieses Gefühl, so deuten sich ernst zu nehmende »Sollbruchstellen« in einer Secondhand-Beziehung an. Diese Sollbruchstellen resultieren teilweise auch aus den Rollenkonflikten des Gebrauchten Mannes, der oft nicht nur Partner, sondern auch Vater ist.

✎

Kann »Reden« helfen?

- ✗ Reden Sie über alle Probleme, die aus der geschiedenen Ehe Ihres Partners resultieren?
- ✗ Wie geht es Ihnen damit?
- ✗ Gibt es Tabuthemen in Bezug auf seine Beziehungsvergangenheit und wie gehen Sie damit um?
- ✗ Haben Sie das Gefühl, Ihr Partner versteht und unterstützt Sie in gleicher Weise?
- ✗ In welchen Bereichen fühlen Sie sich verstanden, in welchen fühlen Sie sich vielleicht allein gelassen?

Zwischen allen Stühlen – Der Gebrauchte Mann als Vater

3

Wenn Partnerschaften sich entwickeln, steht in der Regel die emotionale Beziehung der beiden Partner zueinander im Vordergrund. Die Zuneigung oder das Verliebtsein ist ein »zartes Pflänzchen«, das sich in Form von Schmetterlingen im Bauch bemerkbar macht. Erst durch das Begießen mit täglichen gegenseitigen Aufmerksamkeiten beginnt es zu wachsen und wird langsam immer größer. Die beiden Verliebten sind sich gegenseitig die wichtigsten Menschen auf der Welt. Das Gefühl »Ich bin wichtig für ihn (für sie)« ist ein sehr wirkungsvoller »Dünger« für die »Pflanze« Partnerschaft/Liebe. Seine regelmäßige Anwendung scheint notwendig, gerade auch im Zusammenhang mit der Bedeutung der Gefühlsebene in heutigen Ehen und Partnerschaften – dem Liebesglück als Lebenssinn.

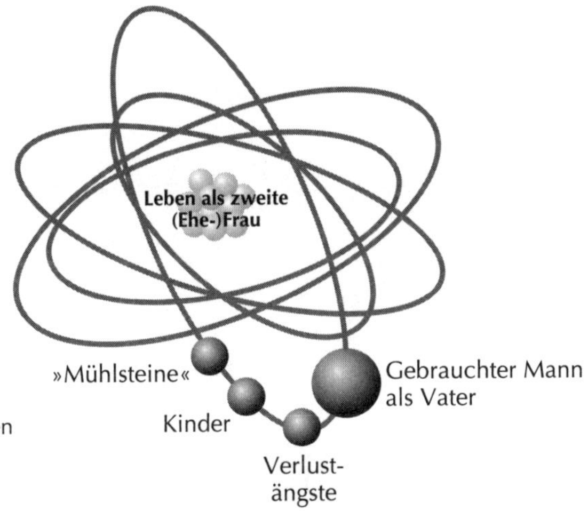

Abb. 6: Sichtweisen über den Gebrauchten Mann als Vater

In vielen Secondhand-Beziehungen kommt jedoch diese gegenseitige Bedeutsamkeit in mehr oder weniger regelmäßigen Abständen aus dem Gleichgewicht. Denn der Gebrauchte Mann bringt vielfach zusätzlich zu seiner Partnerrolle noch eine Vaterrolle gegenüber Kindern aus der vorhergehenden Beziehung in die neue Lebensgemeinschaft mit ein. Dies ist eine Rolle, die für viele Zweitfrauen dann mit großen Schwierigkeiten verbunden ist, wenn die Vaterrolle das Erbe der früheren Beziehung darstellt. Zweitfrauen haben sich ihren Mann als *Partner* gesucht mit hohen Erwartungen an eine emotionale Exklusivität in dieser Partnerschaft.

Mit der Vaterrolle des Gebrauchten Mannes verbinden sich vor allem Verlustängste – für beide Seiten. Die Zweitfrau hat in vielen Situationen das Gefühl, den »Partner an den Vater zu verlieren«. In den ersten Abschnitten soll daher die Sichtweise der Zweitfrau dargestellt werden, wie sie den Rollenwechsel des Gebrauchten Mannes vom Partner zum Vater erlebt (»Von Partner-Vätern und Väter-Partnern«, S. 76 ff.) und wie sie ihr Verhältnis zu seinen Kindern einschätzt (»Das ambivalente Verhältnis zu seinen Kindern«, S. 84 ff.). Welche Perspektiven sich daraus für den Gebrauchten Mann ergeben und welche »Fluchtwege« aus diesem Teufelskreis manche Partnerschaften zu nehmen versuchen, wird anschließend im Kapitel »Zwischen ›Mühlsteinen‹«, S. 97 ff., beschrieben.

Von Partner-Vätern und Väter-Partnern

In vielen Secondhand-Beziehungen zählt die mit der Trennung von der Ehefrau in der Regel verbundene Distanz zu den eigenen Kindern zu den Traumata Gebrauchter Männer. Auch heute noch haben die Kinder nach einer Scheidung der Eltern ihren Lebensmittelpunkt zu einem wesentlich höheren Prozentsatz bei der Mutter als beim Vater. Die Vaterrolle wird dann in den meisten Fällen auf zeitlich genau festgelegte

Wochenend- und Urlaubszeiträume reduziert. Zeiträume, die manchmal weder den Bedürfnissen der Kinder, der Väter noch deren organisatorischen Möglichkeiten entsprechen, weil sie das Resultat der »Sprachlosigkeit« der Eltern sind und auf an allgemeinen Normen orientierten gerichtlichen Entscheidungen basieren. Die Väter sind dann von den alltäglichen Begebenheiten und Entwicklungen der Kinder und deren gewohnten Lebenswelten abgeschnitten.

Es sind nicht nur die Mütter, die manchmal die Teilhabe der Väter am Leben der Kinder behindern. Auch Schule, Kindergarten, andere Familienangehörige und Freunde wissen oft nicht, wie sie mit Teilzeit-Vätern umgehen sollen – und für die Zweitfrauen stellt die Situation häufig ein echtes Problem dar.

Die Zweitfrauen sehen sehr wohl, dass ihre Partner unter dem Kontaktverlust zu den Kindern leiden, auch dann, wenn es einvernehmliche Besuchsregelungen geben sollte. Sie beschreiben ihre Partner oft als liebevolle, besorgte und verantwortungsvolle Väter. Sie anerkennen die Ängste der Männer, bei den nächsten strittigen Sorge- oder Besuchsrechtsverhandlungen ihre Kinder vielleicht ganz zu verlieren und zu »Zahlvätern« degradiert zu werden. Sie haben Verständnis für das schlechte Gewissen und die Schuldgefühle der Väter. Schuldig fühlen sich die Väter, weil sie der Liebe und Verantwortung ihren Kindern gegenüber nicht mehr in dem Maße nachkommen können, wie sie es eigentlich wollen, wie die Kinder es sich vielleicht wünschen und die gesellschaftliche Norm es von Vätern erwartet. Es ist für viele Zweitfrauen daher durchaus rational nachvollziehbar, dass viele Väter in der kurzen Zeit, die ihnen gemeinsam mit den Kindern bleibt, eher das Bedürfnis haben, ein »guter« und »nachgiebiger« Vater zu sein als ein konsequenter und erzieherischer.

Emotional ist die Vaterrolle des Partners für die zweite Frau jedoch auch sehr belastend. Das ist vor allem dann häufig der Fall, wenn sie selbst (noch) keine eigenen Kinder hat und die Probleme der Kindererziehung nur theoretisch und nicht aus eigener Erfahrung kennt. Die Kinder werden für die Zweitfrau auf einmal zur lebenden Konkurrenz, einer Konkurrenz, mit der viele Frauen ähnlich wie Pamela eigentlich gar nicht gerechnet haben.

> »Dass es auch zu Platzgerangel zwischen mir und den Kindern kommen wird, habe ich mir vom Kopf her schon mal bewusst gemacht, aber dass es so abgeht und so viel Nerven kosten kann, das habe ich ein wenig unterschätzt.« *(Pamela)*

Das von Pamela empfundene »Platzgerangel« schließt an den im vorherigen Abschnitt angesprochenen Wunsch nach emotionaler Exklusivität an. Der Wunsch, der wichtigste Mensch im Leben des Partners zu sein, wird in Secondhand-Beziehungen mit Vätern in regelmäßigen Abständen unterhöhlt. Die Kinder stellen die Paarbeziehungswelt von einer Minute auf die andere völlig auf den Kopf – so empfindet es auch Bigi.

> »Als ich meinen Freund kennen lernte, war er der aufmerksamste Mann, den ich bis dato kannte. Das änderte sich jeweils komplett, sobald es um seine Kinder ging.« *(Bigi)*

Einerseits beschreiben die Zweitfrauen, wie problematisch es für den Partner/Vater ist, das Kind aufgrund von Gerichtsbeschlüssen nur alle 14 Tage oder vier Wochen sehen zu dürfen, wie erniedrigend es für ihn sei, das Kind nur an der Haustür abzuholen und wieder abgeben zu müssen. Andererseits ist es vor allem in jüngeren Beziehungen oder in Beziehungen, in denen zum Beispiel durch die Berufstätigkeit wenig gemeinsame Zeit für die Zweierbeziehung bleibt, für die Zweitfrau problematisch, wenn der Partner/Vater sich an den Besuchstagen voll und ganz dem Kind widmet. Die wenige gemeinsame Zeit dann auch gemeinsam mit den Kindern zu verbringen ist für die Väter ein wichtiges Bedürfnis – manchmal auch, um das »schlechte Gewissen« gegenüber den Kindern kompensieren zu können. Die Besuchstage sind dann meist voll mit attraktiven Programmpunkten. In die wenigen Stunden soll ein Höchstmaß an Zuneigung, Spaß, Nähe gepackt werden.

»Volles Programm« ist aber auch deshalb notwendig, weil die »Besuchskinder« oft keinerlei Anknüpfungspunkte an das neue Leben des Vaters finden. Sie haben dort keine anderen sozialen Kontakte und oft entspricht das Wohnumfeld nicht den kindlichen Belangen. Aus Kindersicht sind Besuche beim Vater und seiner neuen Frau oft wie Besuche bei Robinson Crusoe und Freitag. Auch deshalb fordern Kinder massiv die volle Zuwendung ein. Sie bestehen darauf, dem Vater nicht von der Seite weichen zu müssen, sie ziehen alle Aufmerksamkeit auf sich, dulden beim Spaziergang nicht, dass er die Hand der Partnerin hält, sondern nur ihre, und nicht selten gelingt es ihnen sogar, wie bei Ute, für die Zeit der Besuchswochenenden die Vormachtstellung im Ehebett zu erobern.

> »Irgendwie kam ich mir immer überflüssig vor, wenn Rebecca da war. Sie hat ihren Vater total mit Beschlag belegt, sodass er an den Tagen eigentlich nur Vater und sonst gar nichts war. Anfänglich ging das sogar so weit, dass Rebecca mit meinem Mann in den Ehebetten und ich im Kinderzimmer geschlafen habe. Dem habe ich allerdings recht schnell einen Riegel vorgeschoben.« *(Ute)*

Auch wenn Ute es vielleicht nicht so explizit aussprechen würde, es ist mit Sicherheit auch Eifersucht, die die Zweitfrauen an Besuchswochenenden empfinden, wenn sie sich missachtet, abgeschoben, ausgegrenzt oder überflüssig fühlen. Alles scheint sich nur noch um das Kind, dessen Beschäftigung und Bedürfnisbefriedigung zu drehen.

> »Der Tanz ums goldene Kalb beginnt, sobald sein Sohn das Haus betritt.« *(Anni)*

»Und wo bleibe ich?« schwingt in Annis Situationsbeschreibung unterschwellig mit. Die Ausschließlichkeit der emotionalen Beziehung in einer Secondhand-Partnerschaft wird bei den Vater-Kinder-Kontakten aufgebrochen und für die Zweitfrauen stellt sich ganz deutlich die Frage nach ihrer Rolle, nach ihrer Position in diesem Vater-Kinder-System. Welche Funktionen werden ihr angetragen und welche möchte sie wahrnehmen?

Brunhilde beschreibt, wie es ihr in diesen Situationen ging.

> »Ich kam mir nicht so beachtet vor, wie ich es gerne gehabt hätte. Das hat verdammt wehgetan. Wir konnten uns die ersten Jahre nur alle zwei Wochen am Wochenende sehen – das natürlich immer mit den Kindern. Ich habe meinen Mann echt angebettelt, doch mal nur ein Wochenende freizumachen und mal mit mir etwas alleine zu unternehmen, aber er hat es nicht getan. Das Kind braucht ihn und Schluss. Ich hatte ja Verständnis, aber dass er nicht mal ein einziges Mal mir zuliebe auf ihn verzichten konnte, machte mich zeitweise fast krank. Ich habe auch oft überlegt, ob ich ihm nicht einfach den Laufpass erteilen sollte, um jemanden zu finden, für den ich auch einen hohen Stellenwert hätte.
> Die ersten Jahre war mein Mann eigentlich fast durchweg nur Vater, wenn die Kinder da waren. Für mich war er erst wieder als Partner ansprechbar, wenn sie im Bett waren.« *(Brunhilde)*

Die in Tabelle 2 (S. 36) dargestellten Besonderheiten von Secondhand-Beziehungen wirken sich in der Partner/Vater-Problematik deutlich aus. Vater und Kind sind eine biologisch begründete Einheit. Er hat ein natürliches, zeitlich langsam gewachsenes Verhältnis zum Kind und eine klare normative Position. All das hat die Zweitfrau nicht. Sie ist zunächst einmal »nur« Partnerin eines Vaters, der seine Vaterrolle leider als Ausnahmesituation wahrnehmen muss.

Konkurrenzgefühle und Positionskämpfe um den Partner-Vater ergeben sich hauptsächlich dort, wo die Zweitfrau den

Eindruck bekommt, dass ihr Partner »der Kinder wegen« zu kompromissbereit wird. Er wird in ihren Augen zum Vater-Partner, der sich auf der Nase herumtanzen lässt, inkonsequent ist, jedem Konflikt mit Kindern und eventuell auch mit deren Mutter aus dem Wege geht. Ein Vater-Partner scheint ohne großen Widerstand auf alle Wünsche oder Forderungen der Ex-Frau beziehungsweise seiner Kinder einzugehen, ohne nach Meinung der Zweitfrau genügend Rücksicht auf die Anliegen und Bedürfnisse seiner neuen Partnerin zu nehmen.

Häufig sehen die Gebrauchten Männer selbst, dass sie sich sehr konfliktscheu und nachgiebig verhalten. Dies geschieht aus Angst, die Kontaktmöglichkeiten zum Kind zu erschweren oder deren Zuneigung unnötigen Belastungen auszusetzen. Allerdings können sie selbst in ihrem Verhalten meist keinen Loyalitätsverlust ihren neuen Partnerinnen gegenüber erkennen. Anders die Zweitfrauen, die dieses vielfach beschriebene Verhalten als Schwäche oder Taktik des Mannes werten, sich alle Türen offen halten zu wollen. Sie haben den Eindruck, dass der Partner versucht, es allen recht zu machen, und keine klaren Grenzen setzen kann. Für den Gebrauchten Mann als Vater und seine Verlustängste gegenüber den Kindern können sie ggf. Verständnis aufbringen, dem Partner nehmen sie dieses Verhalten jedoch übel. Dieser Vater-Partner ist ihnen fremd.

Unverständnis, Wut, Traurigkeit über die Vaterrolle des Partners sind häufige Reaktionen der Zweitfrauen auf eigene Verlustängste. Es sind unbewusste Ängste der Zweitfrauen, er würde wegen der Kinder vielleicht wieder in seine alte Beziehung zurückkehren oder sich von ihr trennen, wenn die Kinder sie nicht als seine neue Partnerin akzeptieren. Jede Situation, in der das Gefühl aufkeimt, ihm weniger wichtig zu sein als seine Kinder, lässt diese Angst unterschwellig wachsen. Jedes Zusammensein, bei dem ihre Bedürfnisse in ihren Augen zu wenig Berücksichtigung finden, steigert die Unsicherheit. Es drängen sich ihr immer wieder folgende Fragen auf:

- Welche Verbindlichkeit hat meine Position in der Partnerschaft?
- Was kann oder darf ich von meinen persönlichen Wünschen und Bedürfnissen durchsetzen, ohne die Beziehung aufs Spiel zu setzen?

Dieser Druck wird einerseits von außen an die Partnerschaft herangetragen. Oftmals bekommen Zweitfrauen gute Ratschläge, warum es aus strategischen Gründen wichtig sei, sich intensiv um ein besonders gutes Verhältnis zu den Kindern des Partners zu kümmern. Solche Tipps, die oft von Müttern gegeben oder im Freundeskreis ausgetauscht werden, haben auch Sewi und Annegret für Zweitfrauen parat:

> »Über die Herzen der Kinder erreichst du ihn.« *(Sewi)*

> »Wenn du dich gegen den Jungen stellst, hast du auf Dauer schlechte Karten, denn ein Vater entscheidet sich eher gegen eine neue Freundin als gegen seinen Sohn ...« *(Annegret)*

Andererseits werden auch innerhalb einer Beziehung manchmal deutliche Signale gesetzt, wie wichtig dem Vater das Verhältnis zwischen seiner Zweitfrau und den Kindern ist. Das fördert wie bei Bigi eine enorme Erwartungshaltung zu Tage.

> »Er hat mich nach ca. sechs Wochen seinen Kindern vorgestellt und mir vorher gesagt, dass es für unsere Beziehung entscheidend sein wird, ob ich mit ihnen zurechtkomme. Wenn sie mich nicht ausstehen hätten können, wäre die Partnerschaft wohl bald beendet gewesen.« *(Bigi)*

Gerade die von außen an die Zweitfrauen herangetragenen Erwartungen führen zu bewussten oder unbewussten Verlustängsten, den Partner ganz an den Vater zu verlieren. Um die Bedeutung der Kinder für die Identität des Partners akzeptieren zu können und umgekehrt seine Bedeutung für die Entwicklung der Kinder und die daraus resultierenden Folgen für das Partnerschaftsgefüge vorbehaltlos anerkennen zu können, ist ein tiefes »Ich fühle mich in der Partnerschaft sicher und aufgehoben« Voraussetzung. Gerade in den ersten Jahren einer Secondhand-Beziehung sind meist nicht genügend Zeit und Raum, damit aus der aufregenden Verliebtheit ein solch tiefes Zusammengehörigkeitsgefühl erwachsen kann.

Secondhand-Beziehungen sind also einerseits damit beschäftigt, gegenwärtige und zukunftsorientierte Paarstrukturen und eine emotionale Bindung zueinander auf der Paarebene aufzubauen. Dazu orientieren sich die Individuen meistens am Normbild einer traditionellen Partnerschaft oder Ehe. Andererseits müssen die aufgebrochenen Beziehungen der Vergangenheit zwischen Vätern und Kindern neu konstituiert und die Position und Rolle(n) der Zweitfrauen zum Partner/Vater und seinen Kindern ausgehandelt werden. Wie sehen Zweitfrauen ihr Verhältnis zu den Kindern des Partners? Die eben erwähnten gegenseitigen Erwartungen sind die Grundlage, auf der das Verhältnis aufgebaut wird.

Ist Ihr Partner auch Vater?

✗ Wie sehen Sie seine Beziehung zum Kind oder den Kindern?

✗ Wie geht es Ihnen, wenn Ihr Partner seine Vaterrolle wahrnimmt?

✗ Wie fühlen Sie sich dann in Ihrer Rolle als Partnerin?

Das ambivalente Verhältnis zu seinen Kindern

Im vorherigen Abschnitt haben die Einflüsse auf die Paarbeziehung zwischen Zweitfrau und Gebrauchtem Mann im Vordergrund gestanden, die aus einer Vaterrolle des Mannes resultieren. Hier nun sollen Aspekte vorgestellt werden, die sich im direkten Umgang mit den Kindern auf emotionaler Ebene für die Zweitfrauen ergeben.

Wie schon im vorherigen Kapitel betont, ist es für die meisten Zweitfrauen uneingeschränkt plausibel, dass ihre Secondhand-Männer sich intensiv um ihre Kinder aus früheren Ehen kümmern wollen. Die neuen Partnerinnen wissen auch um die Wichtigkeit, ihnen diese Freiräume zuzugestehen. Ebenso kennen sie sich in der Problematik von Scheidungskindern gut aus, und sie haben oftmals aus eigener Initiative Literatur dazu gelesen. Von daher können Zweitfrauen die Notwendigkeit, den Vater zur kindlichen Identitätsentwicklung als kontinuierliche Kontaktperson zu behalten, rational absolut nachvollziehen. Und dennoch schleichen sich wie bei Luzie auch weniger kopfgesteuerte Gefühle ein:

> »Trotzdem kenne ich auch dieses pieksende Gefühl der Eifersucht auf die drei, obwohl ich weiß, dass das vollkommen albern ist und sie mir nichts wegnehmen. Außerdem gehören sie zu dem Mann, den ich liebe, sie sind seine Kinder und ich liebe ihn auch dafür, dass er seine Kinder liebt und zu ihnen steht.« *(Luzie)*

Bei manchen Frauen herrscht ein für sie selbst irrationales

> »... befremdendes Gefühls-Durcheinander einem kleinen Kind gegenüber«. *(Laura)*

Meist wird versucht, mit dem Kopf gegen das »Bauchgefühl« Eifersucht anzugehen und eine Rolle als »Ersatzmutter«, »Wochenend- und Urlaubsmutti« anzunehmen.

Wie sich das Verhältnis zwischen neuer Partnerin des Vaters und den Kindern entwickelt, hängt von vielen Faktoren ab. Das Alter der Kinder, die Selbstverständlichkeit und Häufigkeit der Kontakte zu den Kindern, das Verhältnis zwischen dem Vater und der Mutter der Kinder sowie die Erwartungen, die alle Beteiligten aneinander in Bezug auf die Kinder haben, spielen eine Rolle. Aus dem sehr komplexen Beziehungsgefüge sollen hier einige Punkte herausgegriffen werden, die typisch für Secondhand-Beziehungen zu sein scheinen und die Zweitfrauen immer wieder selbst thematisieren.

In den meisten Secondhand-Partnerschaften sind die Partner so genannte Besuchsväter, deren Kinder an Wochenenden oder in den Ferien »zu Besuch kommen« – eigentlich eine paradoxe Situation an sich. Die Zweitfrau hat also häufig lediglich die Gelegenheit, die Kinder alle zwei bis drei Wochen und dann vielleicht nur für ein paar Stunden zu erleben. Damit bekommen die Kontakte nie das Maß an Normalität, das für ein ungezwungenes Verhältnis notwendig wäre. Das bedeutet eine enorme Belastung für alle Beteiligten. In manchen Fällen kommen trotz fest definierter Besuchsregelungen noch die realen Unregelmäßigkeiten der Besuchspraxis als weiterer Belastungsfaktor für Kinder, Väter und Frauen hinzu. So wird das wirkliche Bemühen der Zweitfrauen um einen guten Kontakt zu den Kindern durch die Rahmenbedingungen, in denen das Umgangsrecht festgelegt und praktiziert wird, sehr erschwert – wenn nicht sogar unmöglich gemacht.

Anabel resümiert mit einer nicht zu verkennenden Resignation, wie sich die Annäherung zwischen den Kindern des Partners und der Zweitfrau häufig nur mit Mühe gestalten lässt. Sie betont dabei auch die Diskrepanz zwischen dem Alltagsleben von Montag bis Freitag und dem Leben als Pseudofamilie.

»Als Zweitfrau von einem ›Verlierer‹ hat man nun die Möglichkeit, einem bisher fremde Kinder alle zwei Wochen für ein paar Stunden kennen zu lernen. Hinzu kommt, dass viele der Zweitfrauen kinderlos sind und nach Meinung der sonstigen Betroffenen keine Ahnung von Kindern haben. Nun versucht man mit diesen armen Kindern, die ja angeblich alle unter einem Scheidungstrauma leiden (was ich grundsätzlich für reichlich übertrieben halte), Kontakt aufzunehmen. Wenn man es dann endlich geschafft hat, mit den Kindern warm zu werden, packen sie auch schon wieder das Bündel und gehen zurück zu Mama. Zwei Wochen später kann man dann leider nicht da weitermachen, wo man das letzte Mal aufgehört hat, sondern man muss meist wieder ganz von vorn anfangen, sich das Vertrauen der Kinder zu erarbeiten. Diese Situation zieht sich unter Umständen über Monate hin. Ganz schön anstrengend. An den Besuchswochenenden soll man als Zweitfrau eine Art ›Ersatzmutter‹ sein und tritt überall als ›Familie‹ auf, während man die übrige Zeit mit seinem Gebrauchten Partner ein typisches Leben als kinderloses Paar verbringt. Ein sehr schwieriger Spagat.« *(Anabel)*

Aber trotz aller vielleicht schon erahnten oder von anderer Seite gehörten Prophezeiungen haben zunächst einmal alle neuen Partnerinnen von Vätern in der Regel »gute Vorsätze«, bezogen auf ihr Verhältnis zu seinen Kindern. Sie möchten ein liebevolles, vertrauensvolles, harmonisches, unbekümmertes Verhältnis zu ihnen aufbauen. Zumindest eine gute Freundin zu sein und natürlich nicht in die Kategorie »böse Stiefmutter« zu rutschen, sehen alle Frauen als erstrebenswertes Ziel an.

Gefühlsmäßig bedeutet das, dass die Zweitfrauen von sich selbst erwarten, dass sie die Kinder des Partners mögen, vielleicht sogar lieb haben werden. Es ist eine hohe Erwartung an sich selbst, die immer wieder gerade als Gegenpol zur bösen Stiefmutter Bedeutung bekommt. Sich einzugestehen, dass die Kinder des Partners eigentlich fremde Kinder sind und sich nicht automatisch natürliche Liebesgefühle gegenüber den Kindern einstellen, nur weil man den Vater liebt, ist eine zwiespältige Entdeckung. Sie führt auch zu Schuldgefühlen gegenüber den Kindern, dem Partner und sich selbst. Inka berichtet von dieser Entwicklung:

> »Mein Wunsch war es zu Anfang, ganz besonders auf die Kinder einzugehen und ihnen mit der gleichen Liebe zu begegnen, die ich meiner Tochter entgegenbringe. Ich habe aber ziemlich schnell lernen müssen, dass dies ein völlig unmögliches Ansinnen ist. Erst als ich mir eingestanden habe, dass ich die Kinder zwar liebe, aber auf eine andere Art als meine Tochter, da konnte ich ihnen wirklich gerecht werden. Und ich habe mir auch eingestanden, dass ich nicht alle seine Kinder gleich lieb haben muss. Ich habe nun mal eine größere Beziehung zu den Jungen und kann auch mal ein oder zwei Besuchswochenenden auf den Besuch des Mädchens verzichten. Zu ihr kann ich nicht so eine intensive Beziehung aufbauen wie zu den Jungen. Erst als ich für mich klar erkannt hatte, dass ich dies auch nicht muss, da fiel es mir leichter und meine Schuldgefühle wurden weniger.« *(Inka)*

Die Kinder des Partners so zu lieben, als wären es die gemeinsamen, stellt sich in der Regel als Überforderung heraus. Es zeigen sich meist sehr schnell Mauern und Hemmschwellen, die deutlich machen, dass hier Vater, Kind und neue Partnerin eben doch keine »natürliche« Konstellation darstellen und dass der Umgang miteinander nach anderen Regeln gestaltet werden muss als in einer Kernfamilie. Typisch für die Andersartigkeit sind zum Beispiel die Barrieren beim Körperkontakt mit den Kindern. Zweitfrauen und Kinder der Partner kuscheln, umarmen oder küssen nur in den wenigsten Fällen miteinander. Hier zeigen sich natürliche und wichtige Grenzen und Abgrenzungen, die – wenn überhaupt – auch nur sehr vorsichtig angetastet werden dürfen. Auch in Konfliktfällen wird ein anderes Verhalten deutlich. Streiten ist zwischen Zweitfrau und den Kindern des Partners keine Selbstverständlichkeit. Konflikte werden als destruktives Element gesehen, sie machen Angst, stellen die Paarbindung in Frage.

Im Verhältnis zwischen Zweitfrau und Kindern des Partners ist tatsächlich schon viel gewonnen, wenn eine Form von gegenseitigem Respekt im Sinne gegenseitiger Akzeptanz wachsen kann. Dass dies in den meisten Fällen ein langer Weg ist, berichtet auch Agnetha.

> »Aus der ersten Ehe ist eine mittlerweile 16-jährige Tochter da. Zu der habe ich wahrscheinlich mittlerweile ein besseres Verhältnis als ihre eigene Mutter. Bis dahin war es für mich und auch für sie ein nicht immer einfacher Weg.« *(Agnetha)*

Nur wenige Zweitfrauen berichten von einem guten beziehungsweise nicht mehr so komplizierten Verhältnis zu den Kindern des Partners. Sybille scheint eine freundschaftliche Beziehung aufgebaut zu haben, die ein Miteinander möglich werden lässt. Sie spricht hier auch an, dass und welche Aufgaben sie in Bezug auf die Kinder übernommen hat und welche Rolle ihr im Autoritätsgefüge Vater-Kinder zukommt.

> »Ich selbst betrachte mich als gute Freundin für die Kinder und sie sehen das ebenso. Es gibt keine strikte Aufgabenregelung. Jeder macht, was gerade anfällt. Deutsch- und Englischaufgaben sehe zum Beispiel ich mir an, ansonsten lernen sie lieber mit ihrem Vater.
> Mit meiner Stieftochter habe ich ein sehr gutes Vertrauensverhältnis aufgebaut; wir führen von Zeit zu Zeit ›Damengespräche‹ über alle möglichen Themen. Das gefällt ihr genauso wie mir.
> Die Erziehung überlasse ich vordergründig dem Vater, wirke aber im Hintergrund mit. Wenn ich mal schimpfe, gehorchen sie mir und zeigen manchmal mir gegenüber mehr Respekt als ihrem Vater.« *(Sybille)*

Kaum eine Zweitfrau lehnt es zunächst ab, die Versorgung und Betreuung der Kinder des Partners an Besuchstagen aktiv mitzugestalten. Versorgen bedeutet ja auch, die Sorge um jemanden zu zeigen, ihm damit zu verstehen zu geben: »Ich möchte, dass es dir gut geht«, und passt damit zum persönlichen Ziel, ein gutes Verhältnis zu den Kindern des Partners aufzubauen.

Je nachdem, wann und wie oft die Kinder den Vater besuchen, oder ob sie vielleicht auch bei ihm leben, haben die Zweitfrauen unterschiedliche Versorgungs- und Betreuungsaufgaben übernommen:

- die Kinder bei Abwesenheit des Vaters beaufsichtigen;
- mit ihnen spielen;
- ihre Schularbeiten nachsehen;
- Pommes und Fischstäbchen kochen;
- matschige Hosen waschen;
- die auf das Leben zu zweit eingerichtete Wohnung nach dem Besuchswochenende wieder in Normalzustand bringen.

Das sind alles Tätigkeiten, die manchmal sehr unverhofft zum Zusammenleben mit einem Gebrauchten Mann dazugehören. Frauen, die selbst (noch) keine Kinder haben, sehen sich plötzlich Herausforderungen gegenüber, in die sie nicht, wie es bei leiblichen Kindern der Fall wäre, langsam hineinwachsen können. Pia beschreibt diesen jeweils 14-tägigen Rollentausch sehr plastisch:

> »Vom kinderlosen Single zur Familienmama, sozusagen über Nacht, das ist ein ganz schöner Sprung, und eine Gebrauchsanweisung gibt's da auch nicht.« *(Pia)*

Ob die Frauen die Rolle des »Kindermädchens«, der »Haushaltshilfe« oder der »Wochenendmutti« freiwillig übernehmen oder ob sie damit die meist unausgesprochenen

Erwartungen ihres Partners erfüllen wollen, ist oft nicht eindeutig. Bei kleineren Kindern wird die zeitweise Übernahme einer Mutterrolle auf Zeit zunächst meist sogar als selbstverständlich angesehen und mit Elan angenommen.

> »Ich hatte mich zu Anfang eigentlich sehr auf Rebecca gefreut und habe mich sehr viel um sie gekümmert. Ich habe sie gefüttert, gebadet und gewickelt – sozusagen die Grundversorgung übernommen. Da mein Mann Langschläfer ist, habe ich mich dann natürlich auch morgens, bis er aufgestanden ist, um sie gekümmert. Wenn sie nachts geweint hat, bin ich aufgestanden, denn bis mein Mann das gehört hat, war das ganze Haus wach.« *(Ute)*

Utes Engagement ist ganz und gar nicht untypisch, besonders nicht für Zweitfrauen, die selbst noch keine eigenen Kinder haben. Sie können in dieser Funktion sozusagen Muttersein und Familie üben und sich und den Partner in den damit verbundenen Rollen und Aufgaben ausprobieren. Meist geschieht das mit Blick auf die eigenen Kinderwünsche, die die Zweitfrauen noch im Kapitel »Das Ende der Zukunft?«, S. 153 ff., vorstellen werden.

Aber auch bei Kindern im Schulalter oder sogar Jugendlichen übernehmen die Zweitfrauen freiwillig Versorgungsaufgaben. Meist wird dies als selbstverständlich angesehen, ohne zu hinterfragen, welche Funktion diese Übernahme für die Beziehung zum Partner hat. Hunger, Schulaufgaben, schmutzige Wäsche sind ja nun Fakten, die einfach anfallen und die irgendwie bewältigt werden müssen. Also warum nicht auch durch das Engagement der Zweitfrau?

Doch Vorsicht: »So tun als ob« heißt das Spiel, das sich oftmals dahinter verbirgt. Durch die Übernahme und Abwicklung von alltäglichen Betreuungs- und Versorgungshandlungen wird der Schein von Normalität in der Beziehung zwischen Zweitfrau, Kindern des Partners und dem Partner erweckt – so wie wir es alle vom Modell der »Normalfamilie« her kennen. Normalität wird dort erhofft, wo sie nicht normal ist. Der Druck auf die Zweitfrau erhöht sich noch um ein Mehrfaches, wenn das Zusammenleben dann vielleicht auch noch viel besser funktionieren soll als in der ursprünglichen Familienkonstellation. Das ist bei Ute so:

> »Mein Mann hat natürlich auch damit gerechnet, dass ich mich aktiv einbringe und dass Rebecca sich auch mit mir gut versteht, und das wollte ich auch, auch – aber nicht nur – ihm zuliebe. Er hat sich eigentlich gedacht, dass er, wenn seine Tochter da ist, endlich mal das Familienleben genießen kann, welches er sich mit seiner Ex und seinem Kind immer gewünscht hat.« *(Ute)*

Die glückliche »Wochenendfamily« wäre sicherlich eine Bestätigung, dass die vorangegangene Trennung einen Sinn hatte und dass die neue Partnerschaft die »bessere« Beziehung ist. Der Erwartungsdruck, der sich dadurch vor allem bei der Zweitfrau selbst aufbaut, ist immens hoch. Die ungewohnten Aufgaben, der Kontrast zum Alltagsleben zu zweit und der innere Druck, ein fremdes Kind akzeptieren und lieben zu w(s)ollen, können sich manchmal sehr schnell zu einer enormen Belastung entwickeln.

Luzie schildert sehr illustrativ, welche Probleme sie im Laufe der Zeit mit den Besuchen der Kinder bekommen hat. Es sind dem Bericht deutlich die innere Zerrissenheit und Anspannung zu entnehmen, die sich in ihr aufgebaut haben.

> »Für mich ist es auch Stress. Ich werde in einem Monat 39, habe keine eigenen Kinder und sehe mich regelmäßig den drei Kindern meines Partners gegenüber, eventuell auch noch Freunden der Kinder. Das ist für mich Stress pur, schließlich bin ich plötzlich zu drei Kindern gekommen, das ist ein anderes Gefühl, als wenn eines nach dem anderen kommt und man sich daran gewöhnt. Dazu kommt, dass meine Umwelt nicht versteht, dass ich diese Kinder nicht so liebe wie ihr Vater, es

sind halt nicht meine Kinder, sondern fremde Kinder. Das fängt dann schon damit an, dass ich auch mal was zum Beispiel zu den Essmanieren der Kinder sage, wenn sie sich in unsrer Küche an den Tisch legen und das Essen in sich schlingen. Schließlich streifen sie dann auch mein Leben.

Du hast Recht, wenn du von einer dann ganz anderen kinderfreien Zeit sprichst, nämlich wenn man als Paar alleine ist. Wenn die Kinder da sind, fühle ich mich oft auch als fünftes Rad am Wagen, logischerweise freut sich mein Partner, dass er sie endlich wiedersieht. Wir haben nach solchen Wochenenden auch häufiger Streit, weil ich zum Beispiel nicht einsehe, nachdem ich zwei Tage lang die ›Familie‹ versorgt und bekocht habe, die Dreckberge wegzuräumen. Schließlich bin ich eine berufstätige Frau und brauche auch ab und zu Entspannung, nach zwei Tagen mit drei lebhaften Kindern bin ich einfach reif. Ich bin nicht die Mutter dieser Kinder und will auch nicht die ganzen Pflichten übernehmen.« *(Luzie)*

Nicht nur Luzie, auch viele andere Frauen beschreiben, dass sie sich dem Druck und der Belastung irgendwann entziehen. Sie grenzen sich den Kindern gegenüber ab und lehnen früher selbstverständlich übernommene Aufgaben ab.

Die »Verweigerung« mancher Zweitfrauen, weiterhin wie selbstverständlich Versorgungsaufgaben gegenüber Kindern des Partners zu übernehmen, ist häufig eine Antwort auf die Reaktionen der Kinder. Mit den Erwartungen an sich selbst, den Kindern liebevoll und positiv entgegenzutreten, sind auch Erwartungen an das Verhalten der Kinder verbunden. Die Zweitfrauen wünschen sich ein freundschaftliches Verhältnis auf Gegenseitigkeit. Sie wünschen sich, als Partnerin des Vaters anerkannt und auch von den »lieben Kleinen« in die Vater-Kind-Beziehung einbezogen zu werden. Ihr emotionales und pragmatisches Engagement ist sozusagen eine Investition, für die die Zweitfrauen vom Partner, aber auch von dessen Kindern Akzeptanz und Geliebtwerden erfahren möchten.

Erleben sie dann jedoch Ablehnung oder fühlen sie sich ausgenutzt, ist das Engagement leicht zu erschüttern. Aus welchen Gründen auch immer die Kinder sich der Zweitfrau gegenüber ablehnend verhalten, ob ihr Essen ihnen nicht schmeckt, ob sie nicht höflich begrüßen und verabschieden oder ob sie diese vielleicht einfach ignorieren, für die Zweitfrau resultieren daraus tiefe Enttäuschungen und Kränkungen.

Catrin hat das für sich zu den Besuchszeiten der Kinder so erlebt:

> »Ich übernehme keine Aufgaben mehr. Wenn er nicht auf meine Bedürfnisse eingeht und auch noch zulässt, dass ich bei jedem Wochenende leide, dann werde ich bestimmt keine Aufgaben übernehmen.
> Ich habe noch vor kurzem immer noch Kuchen gebacken, Nachtisch gemacht usw. Es kam nie ein Dank oder Anerkennung. Ich bekomme dann nur gesagt, das machst du doch nicht für mich, sondern nur für den Papa. Als sie dann mal keinen Nachtisch bekamen und nachfragten, sagte ich zu ihnen: ›Würdet ihr jemandem Schokolade geben, den ihr nicht mögt? Ihr mögt mich nicht und macht alles, damit es mir schlecht geht. Ich werde euch keine Schokolade und andere Leckereien geben.‹« *(Catrin)*

Die »lieben Kleinen« können also durchaus am Selbstwertgefühl der Zweitfrauen nagen. Auch wenn die »böse Stiefmutter« eigentlich ein Antiimage für Zweitfrauen darstellt, kann der innere Druck in der Konfrontation mit dem kindlichen Verhalten so groß werden, dass sie sich trotz aller guten Vorsätze zu abweisendem Verhalten hinreißen lassen.

Ein weiterer Aspekt, der das Verhältnis der Zweitfrau zu den Kindern des Partners prägt, ist, dass mit den Besuchen der Kinder auch immer ein Stück ihrer Mutter, der ehemaligen Frau des Partners, mit in die Wochenenden hineinkommt. Wie die Kinder sich während der Ausnahmesituation »Besuch beim Vater und seiner neuen Frau« verhalten, wird auch auf den Einfluss der Ex-Frau zurückgeführt. Ablehnung, Aufmüpfigkeit oder Aggression werden von den Zweitfrauen und auch von den Partnern/Vätern nicht unbedingt als eigenständige Reaktion des Kindes angesehen. Häufig wird solch ein Antiverhalten als Ergebnis von Manipulationen der Ex-Frau interpretiert. Dadurch kann sich auch ein ehemals positives Verhältnis zwischen Zweitfrauen und Kindern abkühlen und durch Formen des Misstrauens ersetzt werden.

Corinnas Beschreibung spiegelt diesen Mechanismus deutlich.

> »Ich habe mir dann natürlich so meine Gedanken über die Reaktion des Mädchens gemacht und mich gefragt, wo das wohl herkommt. Das Mädchen hatte mich eben nicht akzeptiert und wo das plötzlich herkam, war mir dann schon klar. Auch ich war nun nicht mehr unbefangen, sondern sah das Kind als geistiges Produkt seiner Mutter an.« *(Corinna)*

Ob Corinnas Erklärungsmuster für das Verhalten des Kindes mit den tatsächlichen Gegebenheiten übereinstimmt, kann hier natürlich nicht geklärt werden. Ihre Vermutung ist aber nicht ganz von der Hand zu weisen. Leider werden nur allzu häufig Kinder als verlängerter Arm einer Partei im Trennungsgeschehen missbraucht – von Vätern wie von Müttern. Immer dort, wo die direkte Kommunikation auf der Elternebene, also von Vater und Mutter, nicht mehr funktioniert, und dort, wo die Trennung emotional noch nicht verarbeitet ist, sind die Kinder diejenigen, über die direkt oder indirekt die Ablösungsauseinandersetzungen ausgetragen werden.

Es handelt sich aber nicht immer um ein vorsätzliches Aufhetzen der Kinder von Seiten einer gekränkten Ex-Frau gegen die neue Beziehung – auch wenn das leider natürlich vorkommt.[21] Manchmal solidarisieren sich die Kinder auch ohne äußere Beeinflussung mit einem Elternteil, um ihre psychische Stabilität nicht ganz zu verlieren und Sicherheit in der veränderten Situation zu finden.[22] Sich mit jemandem zu solidarisieren kann jedoch gleichzeitig bedeuten, sich von jemand anderem deutlich abzugrenzen. Oft ist das die neue Partnerin des Vaters, die den Kindern am wenigsten nahe steht. In den Augen der Kinder ist sie vielleicht der Hinderungsgrund für eine erhoffte Wiedervereinigung von Vater und Mutter, beziehungsweise sie lässt deren Trennung endgültiger erscheinen.

Ein ambivalentes oder gespanntes Verhältnis zwischen Zweitfrauen und den Kindern der Partner ist keine Frage, die sich auf trotzende Kleinkinder oder pubertierende Jugendliche beschränkt. Da die Vaterrolle selbst nie endet, setzt sich die Problematik in vielen Varianten fort. Auch zu erwachsenen Kindern müssen Zweitfrauen ihre Rollen finden und ihre Beziehung definieren. Sie kommen dabei in zwar andere, aber meist nicht weniger zwiespältige und belastende Rollenkonflikte. Typisch sind hier die Probleme von Anna, in deren Secondhand-Beziehung es einen großen Altersunterschied gibt.

> »... und neulich, als der älteste Sohn meines Freundes heiratete (auch so ein Rollenkonflikt für mich – theoretisch bin ich die Schwiegermutter von einer jungen Frau, die älter ist als ich, und werde im Winter auch noch Quasi-›Oma‹ ihres ersten Kindes ...!) ...« *(Anna)*

Solch ein »Patchwork« ist uns auch in unserer heutigen modernen und liberalen Beziehungswelt noch sehr fremd.

Gerade dort, wo durch Kinder aus einer früheren Beziehung die Vergangenheit lebendig bleibt, wird die Andersartigkeit einer Secondhand-Beziehung besonders deutlich. Eine noch so sehr herbeigewünschte »Normalität« scheint nur begrenzt realistisch zu sein, denn

- Kinder bleiben Kinder – egal, wie alt sie sind;
- die Mütter bleiben ihre Mütter – auch wenn sie mit dem Vater nicht mehr zusammen sind;

- die Väter bleiben Väter, mit all den Verantwortlichkeiten und Gefühlen und
- die Zweitfrau bleibt immer nur die neue Partnerin/Freundin/Frau des Mannes und muss aus dieser Position heraus ihr Verhältnis zu den Kindern entdecken und leben.

✎

Wie empfinden Sie Ihr Verhältnis zum Kind oder den Kindern?

✗ Welche Erwartungen haben Sie bezogen auf das Kind oder die Kinder des Partners an sich selbst, an die Kinder?

✗ Welche Erwartungen hat Ihr Partner an Sie?

✗ Übernehmen Sie Aufgaben in Bezug auf seine Kinder?

✗ Wie geht es Ihnen damit?

Zwischen »Mühlsteinen«

Bislang standen die Sichtweisen und Gefühle der Zweitfrauen im Vordergrund, die sich mit der Vaterrolle ihrer Gebrauchten Männer und mit deren Kindern aus früheren Beziehungen konfrontiert sehen. Es wurde deutlich, wie sehr dies mit Unsicherheiten, Verlustängsten und Ambivalenzen für die Frauen verbunden ist. Es ist auch offensichtlich geworden, wie wichtig den Frauen die uneingeschränkte Aufmerksamkeit und Loyalität des Partners ist und wie schwer es ihnen fällt, ihn mit den Menschen aus seiner Vergangenheit zu teilen. Das Verhältnis zu seiner Vaterrolle und zu seinen Kindern gehört auch zu den Gesprächsthemen, zu denen Zweitfrauen einen kommunikativen Austausch suchen, über die sie mit Betroffenen und guten Freunden immer wieder reden wollen (vgl. Kapitel »Man kann doch über alles reden ...«, S. 66 ff.).

Erstaunlich erscheint es dann allerdings, dass nur wenige Zweitfrauen in der Lage sind zu beschreiben, wie die Beziehungssituation und wie auch ihre Rolle, ihr Verhalten vom Partner oder dessen Kindern erlebt werden. Nur wenige Zweitfrauen wissen zum Beispiel, mit welchem »Gefühlswirrwarr« ihr Gebrauchter Mann in Bezug auf seine Partner-Vater- oder Vater-Partner-Rolle zu kämpfen hat. Der Secondhand-Partner scheint seinerseits weniger das Bedürfnis zu haben, über seine Emotionen zu reden – vielleicht auch, weil er keine Schatten auf die neue Beziehung fallen und keine Zweifel aufkommen lassen möchte.

Lassen Sie uns daher zum besseren Verständnis das Kaleidoskop der Secondhand-Beziehung etwas drehen, die Perspektive wechseln und ein paar Gedanken einfangen, die *nicht* von Zweitfrauen sind. Die Situation, in der sich Gebrauchte Männer mit Kindern befinden, wurde von Gotthilf, einem Betroffenen, so beschrieben:

> »[Ich hatte] fast das Gefühl (...), wie zwischen Mühlsteinen zermahlen zu werden.« *(Gotthilf)*

Der eine Mühlstein ist die Angst, die Beziehung zu den Kindern zu verschlechtern oder gar den Kontakt ganz zu verlieren – der andere Mühlstein besteht aus der Befürchtung, die neue Partnerschaft durch seine Vaterrolle zu gefährden.

Vielen Gebrauchten Männern ist durchaus bewusst, dass sie oftmals »um der Kinder und des lieben Friedens willen« sehr nachgiebig und kompromissbereit sind. Sie fühlen selber, dass sie manchmal zum Vater-Partner werden und dass ihre Partnerin darunter leidet. Es macht ihnen selbst zu schaffen, dass sie schon wieder allzu offensichtlich den Konflikten mit der Ex-Frau aus dem Weg gegangen sind, um den nächsten Besuchstermin der Kinder nicht zu gefährden. Vielleicht wollen sie aber auch die kämpferischen Auseinandersetzungen, zum Beispiel um weniger Unterhalt, gar nicht. Vielleicht wehren sie sich innerlich aus noch bestehendem Verantwortungsgefühl, noch nicht abgestorbener Loyalität gegenüber der ehemaligen Frau oder auch aus Schuldgefühlen, gegen die Ratschläge von Juristen oder auch gegen die Aufforderungen der Zweitfrau doch endlich etwas zu unternehmen.

Diese Männer befinden sich in einem Dilemma. Egal, was sie auch immer tun, entweder die Kinder, die Ex-Frau oder die neue Partnerin fühlt sich angegriffen, zurückgesetzt, vernachlässigt, nicht ernst genommen. Wie auch immer sie sich verhalten, es kann daraus eine Zerreißprobe für die Partnerschaft oder die Vater-Kind-Beziehung werden. Wie dies aus Gotthilfs Sicht aussah, beschreibt er hier genauer:

> »Die ›Mühlsteine‹ können durchaus ein völlig einmaliger Aspekt sein, müssen es aber nicht. Für mich bestand nach der Trennung das Problem vor allem darin, dass ich doch relativ große Angst davor hatte, meine Tochter (1991 bei der Trennung zwei Jahre alt) durch aufgezwungene Entfremdung zu ›verlieren‹. Besuchstag war jeder zweite Samstag und gerade anfangs sah ich meine Tochter wochenlang, fast monatelang nicht, da sich meine Ex gerne in Südamerika aufhielt. Deswegen und

wegen anderer Verhaltenweisen meiner Ex – die das alleinige Sorgerecht hat – glaubte ich dagegen kämpfen zu müssen und empfand die Ratschläge meiner jetzigen Frau eigentlich als unangemessene Einmischung, auch wenn sie rückblickend in vielen Dingen Recht hatte – gerade weil sie nicht so stark emotional beteiligt war.
Auf der anderen Seite erlebte ich seitens meiner jetzigen Frau doch zum Teil heftige Reaktionen, da sie das Gefühl hatte, doch nur die ›Zweite‹ zu sein, und wohl auch Angst hatte, ich könnte wegen meiner Tochter doch noch einmal zu meiner Ex zurückkehren. Dieser – aus heutiger Sicht völlig überflüssige – Kampf, gepaart mit der Vorstellung, für meine Tochter auch weiterhin ein guter Vater sein zu wollen auf der einen Seite, und andererseits das doch schmerzliche Gefühl, meine Frau gleichzeitig zu verletzen, drohten mich beziehungsweise uns tatsächlich aufzureiben.« *(Gotthilf)*

Gotthilf und seine Zweitfrau haben die Zerreißprobe überstanden, nachdem sie eine länger dauernde psychologische Beratung in Anspruch genommen haben. Er konnte Vater und Partner bleiben und musste nicht eine von beiden Rollen aufgeben, um die andere zu retten.

Nicht immer gelingt es den Beteiligten, das Dilemma so konstruktiv zu lösen. In vielen Fällen brechen Väter den Kontakt zu Kindern aus früheren Ehen ab, weil sie zwischen den Mühlstein der Liebe und Verantwortung gegenüber den Kindern und den Mühlstein der Liebe zur neuen Partnerin geraten sind. Sie schaffen es nicht, Vergangenheit, Gegenwart und Zukunft miteinander zu verbinden.

Wenn Anabel vom Beziehungsabbruch zwischen ihrem Partner und dessen Sohn berichtet, wird aber auch deutlich, welche Rolle der Zweitfrau in einer solch schwer wiegenden Entscheidung zukommen kann. Es zeigt sich, welche Konsequenzen ihr Verhalten, ihre Gefühle und ihr Handeln als Zweitfrau haben können und welche Verantwortung sie indirekt für die Kontinuität der Vaterrolle ihres Partners trägt.

»Als dann aber unser gemeinsames Kind auf der Welt war, haben die Schwierigkeiten erst angefangen. Mein Mann war alle 14 Tage am Wochenende unterwegs, um Kinder einzusammeln und wieder nach Hause zu bringen, und ich saß zu Hause total überfordert mit meinem kleinen Baby. Hinzu kamen die finanziellen Sorgen. Mein Mann ist nur Arbeiter und sein Verdienst nicht allzu üppig.
Dies war natürlich der ideale Nährboden für meine Eifersucht. Mein Mann fühlte sich auch hin und her gerissen und wollte es allen recht machen. Aus dieser Situation heraus hat er dann den Kontakt zu seinem jüngeren Sohn abgebrochen (dieser war bei der Trennung erst ein Jahr alt und die Beziehung zu ihm daher doch distanzierter als zum Großen). Danach ging es bei uns dann einigermaßen friedlich zu. (...) Ich denke, dies war im Interesse aller erwachsenen Beteiligten.« *(Anabel)*

Kontaktabbruch als »friedensstiftende Maßnahme« ist leider keine so seltene Reaktion auf die Probleme, die die Vaterrolle Gebrauchter Männer für Folgebeziehungen in sich birgt. Kontaktabbruch kann sicherlich zunächst einmal Ruhe in das komplexe und offene System Secondhand-Familie bringen. Scheinbar stellt sich »Normalität« ein, da der Kontaktabbruch zu klaren und abgeschlossenen Grenzen führt und damit die Situation »Normalfamilie« vorgespiegelt wird. Aber es ist zu befürchten, dass es sich dabei um eine nicht dauerhaft anhaltende Scheinruhe handelt.

Unabhängig davon, welche Folgen es im Beispiel von Anabel für das damals einjährige Kind haben wird, ohne Vater aufwachsen zu müssen, muss ebenso hinterfragt werden, welche Folgen die Entscheidung des Kontaktabbruches zu seinem Kind sich für den Vater, für seine Identitätsentwicklung und seinen Umgang mit der neuen Familie ergeben werden. Solche Folgen sind oft erst nach Jahren im späteren Erwachsenenalter wirksam.

Es soll an dieser Stelle nicht der Eindruck entstehen, dass immer die Zweitfrauen den Grund für einen Abbruch der

Vater-Kind-Kontakte darstellen. Die Faktoren, die eine solch schwer wiegende Entscheidung auslösen, sind vielschichtig. Dennoch ist es sicherlich auch für die Zweitfrauen mit Blick auf die Qualität ihrer Beziehung sinnvoll, selbst einmal den Perspektivwechsel vorzunehmen, den Sina hier vorschlägt.

> »Ich denke, es spricht nur für den Charakter des Mannes, wenn er sich intensiv um die Kinder aus erster Ehe kümmert. Leider schließt ein richtiges Anteilnehmen am Leben der Kinder einen intensiven Austausch mit der Ex-Frau mit ein. Ich denke, damit sollte eine Zweitfrau leben können.
> Ich kenne den umgekehrten Fall. Da kümmert sich der Mann kaum um seine Tochter aus erster Ehe, damit sich seine Neue bloß nicht zurückgesetzt fühlt! Die Tochter ist natürlich superfreundlich zu der neuen Frau ihres Vaters, denn jeder Zoff würde zu noch selteneren Besuchen führen. Mit ihr allein unternimmt ihr Vater leider nichts. Für die Zweitfrau ist das vordergründig gesehen natürlich toll. Aber eigentlich müsste sie sich überlegen, wie er das gemeinsame Kind, das sie inzwischen mit dem Mann hat, behandeln würde, wenn ihre Ehe ebenfalls in die Brüche ginge.
> Fazit: Die Zweitfrau sollte tolerieren, dass sich der Mann – wenn auch manchmal sehr intensiv – um seine frühere Familie kümmert.« *(Sina)*

Recht hat Sina, werden Sie vielleicht sagen. Diese rationalen Überlegungen erscheinen vielen betroffenen Frauen einsichtig und nachvollziehbar. Aber dennoch sind sie in der akuten Situation, in der Alltagspraxis nicht für alle Zweitfrauen lebbar. Es bedarf schon einer enormen Portion an Selbstsicherheit und Sicherheit in der Beziehung, um eine Akzeptanz der Vergangenheit innerlich mitzutragen und äußerlich demonstrieren zu können. Ein guter Anfang dazu ist gemacht, wenn die Zweitfrau einmal versucht, sich in die Position der anderen Betroffenen hineinzuversetzen, oder wenn sie offen ist, mit ihnen über die »Mühlsteine« zu reden.

Die Selbsterkenntnis, die Brit nachstehend zum Ausdruck bringt, ist sicherlich ein erster Ansatz, um die Stolpersteine, die offensichtlich in ihrer Secondhand-Beziehung liegen, zu erkennen und zu entschärfen.

> »Er macht ebenfalls das Beste daraus und ist glücklich mit mir, obwohl ihn meine Probleme zusätzlich belasten. Leider sitzt er manchmal mitten in der Falle, denn er ist in der anstrengenden Position, es allen recht machen zu wollen oder zu müssen: mir, den Kindern und der Ex-Frau. Dies bedingt natürlich Kompromisse am laufenden Band. Ich mache ihm dann oft das Leben noch zusätzlich schwer, wenn ich mich überfordert fühle und auf gewisse Dinge nicht eingehe, die er gerne hätte, zum Beispiel die Kinder öfter oder außerhalb der Regelungen abzuholen.« *(Brit)*

Aber nicht nur die Gebrauchten Männer bekommen unter Umständen den Eindruck, zwischen Mühlsteine zu geraten, aus denen sich »Sollbruchstellen« für die Beziehung entwickeln können. Wenn Zweitfrauen eine misstrauische, ignorierende oder ablehnende Haltung seitens der Kinder ihrer Partner beklagen, kann diese auch unbewusst aus dem Gefühl der Kinder resultieren, zwischen dem lieb gewordenen bisherigen Familienleben und der neuen Beziehung des Vaters zerrieben zu werden. Das, was aggressiv, intrigant oder aufgehetzt erscheint, mag die hilflose Suche nach Kontinuität mit dem Vater und nach Loyalitätsbekundungen vom Vater sein. Beides sind Erwartungen, die die Zweitfrau auch an den Gebrauchten Mann heranträgt.

Erlauben Sie sich an dieser Stelle ebenfalls einen Perspektivwechsel und folgen Sie der Sichtweise von Kindern, die mit Partnern geschiedener Eltern konfrontiert werden. Magdas Erzählung zeigt auch, dass ein gutes Verhältnis zwischen Folgefamilie und Kindern aus früheren Partnerschaften eine Aufgabe für viele Jahre darstellt.

»Ich war als Jugendliche mit den neuen Partnern meiner Eltern konfrontiert und das war keine leichte Zeit für mich! Ich glaube, für die Ablehnung eines neuen Partners eines Elternteils wird man nie zu alt. Bei mir war das Gefühl vorherrschend, dass die wenige Zeit, die ich zum Beispiel mit meinem Vater verbracht habe, nun auch endgültig gestrichen wird (und so war es auch). Ich war prinzipiell auch gut ›aufgehoben‹ bei meiner Mutter, aber auch dort gab es einen neuen Partner, mit dem ich zu kämpfen hatte! Wenn dann plötzlich alle Bezugssysteme wanken (auch wenn man selber schon einige eigene Wertsysteme entworfen hat), neigt man dazu, um sich zu schlagen. Es ist einfach hart, vor vollendete Tatsachen gestellt zu werden – plötzlich mit Menschen konfrontiert zu sein, die man sich nicht ausgesucht hat (es gibt Situationen, die ich erleben musste, die ich meinen Eltern immer noch nicht – nach 13 Jahren – verzeihen kann).« *(Magda)*

Abschließend sei noch gesagt, dass es sich bei den »Mühlsteinen« nicht etwa um ein Phänomen handelt, das nur *Väter* mit neuen Partnerinnen betrifft. Es kann in all jenen Beziehungen auftreten, bei denen ein leiblicher Elternteil mit einem neuen Partner eine Beziehung eingeht. Es ist dort wahrscheinlich, wo biologische und soziale Rollen und Beziehungszeiträume ungleich verteilt sind (vgl. Tabelle 2, S. 36).

So fühlt sich auch Michaela, die mit einem eigenen Kind und einem geschiedenen Partner in ihrer Patchwork-Familie zusammenlebt, regelmäßig »zwischen allen Stühlen«. Damit wird deutlich, dass es sich also um einen typischen Rollenkonflikt und nicht etwa um ein geschlechtsspezifisches Problem von Vätern handelt.

»Es ist schwer, Mutter UND Frau zu sein. Es ist ein täglicher Kampf. Auch heute noch – nach fast einem Dreivierteljahr Zusammenleben. Aber WIR lernen dazu.« *(Michaela)*

Die Rollenproblematik regt dazu an, im nächsten Kapitel (4) nochmals einen genaueren Blick auf die Struktur einer Secondhand-Beziehung zu werfen.

Sind die »Mühlsteine« auch ein Thema für Ihren Partner?

✗ Hat Ihr Partner manchmal das Gefühl, zwischen die Mühlsteine aus Vergangenheit und Gegenwart zu geraten?

✗ Können Sie zusammen darüber reden?

4 Wo sind wir und wo sind unsere Grenzen? – Secondhand-Partnerschaften und ihre Beziehungen nach außen

Immer dann, wenn sich zwei Menschen zusammenfinden, um eine Partnerschaft, eine Beziehung oder Ehe miteinander einzugehen, treffen zwei Erwachsene mit jeweils eigenen Interessen, Lebensformen, Gewohnheiten und Zielen aufeinander. Unabhängig davon, wie alt oder jung die Partner sind, ob sie bisher solo gelebt haben oder schon vorher länger dauernde Beziehungen hatten, müssen sie sich in der ersten Zeit der neuen Beziehung erst einmal »zusammenraufen«. Vertreter der Familienpsychologie beschreiben die Aufgabe, die sich Paaren zu Beginn einer Partnerschaft stellt, mit folgenden Worten: Es ist eine Suche nach

- einer symbiotischen Einheit, einem »gemeinsamen Selbst«;[23]
- der Konstruktion einer Wir-Identität, einer Paar-Identität;[24]
- einer Balance von Verbundenheit und Autonomie mit dem Ziel einer Gegenseitigkeit;[25]
- einem Ausgleich von Ich- und Du-Ansprüchen und deren Harmonisierung zu Wir-Ansprüchen.[26]

Wie auch immer Sie es nennen wollen, gemeint ist damit, dass zwei Menschen sich aufeinander einstellen müssen, wenn sie einen gemeinsamen Weg in die Zukunft gehen wollen. Das bedeutet, sie müssen sich auf Alltagsroutinen einigen, sie müssen Normen und Werte entwickeln, die von beiden als wichtig anerkannt werden, sie müssen Lebensgewohnheiten und Rituale miteinander aushandeln, die ganz zu ihnen gehören – die ein Wir-Gefühl entstehen lassen.

Es sind oft die Kleinigkeiten des Alltags, bei denen solch ein Wir-Gefühl als eine tiefe innere Verbundenheit bewusst wird: zum Beispiel die allmorgendlich ans Bett gebrachte Tasse Tee, ein Zettelchen mit einem Liebesgruß im Jackett, der Blumenstrauß ohne Anlass, die ersten Christbaumkugeln, die man zusammen ausgesucht hat. Es gehört aber auch die Gewissheit dazu, sich aufeinander verlassen zu können, Verständnis, Unterstützung, Halt, Loyalität vom Partner zu bekommen, dem anderen vertrauen zu können, von ihm geschätzt zu werden, ihm wichtig zu sein. In Folgefamilien wird oftmals von beiden Partnern durch die vorangegangene Trennungserfahrung dem gegenseitigen emotionalen Wohlergehen sehr hohe Aufmerksamkeit geschenkt. Diese Sensibilität erhöht wiederum den Wert der emotionalen Beziehung und trägt damit zur Verwundbarkeit der Paareinheit bei.[27]

Alle oben genannten wissenschaftlichen Blickweisen geben aber noch weitere Hinweise, welche Aspekte für das Wir von Bedeutung sind. Sie betonen, dass es gerade in der heutigen Zeit, in der Individualisierung, Emanzipation und Selbstentfaltung fast zur Verpflichtung geworden sind, darum geht, dass keiner der Beteiligten seine eigene Identität auf dem Weg zum Wir aufgeben muss. Paarbeziehung wird zum Balanceakt, in dem immer wieder erneut hinterfragt wird:

- Wie nahe darf (muss) man sich kommen, ohne sich selbst aufzugeben?
- Wie viel Freiheit für seine eigene Persönlichkeit braucht jeder, ohne dass die Bindung zueinander darunter leidet?
- Was muss zur Aufrechterhaltung der Ich-Identität erhalten bleiben, was muss zugunsten der Wir-Identität neu ausgehandelt werden, und in welcher Weise?

Es besteht unter den Forschenden im Bereich Partnerschaft/Ehe weitgehende Übereinstimmung darin, dass das Gefühl des Glücklichseins in einer Beziehung maßgeblich davon bestimmt wird, wie das Aushandeln von Ich- und Du-Wünschen gelingt.

»Lapidar formuliert: Eine ›gute Ehe‹ ist jetzt eine Ehe, in der beide Partner auf ihre Kosten kommen. (...) Die Stabilität der (ehelichen) Beziehung steht und fällt mit der Erfordernis, Egoismen und Altruismen zur Zufriedenheit beider auszutarieren. Die Partner müssen jeden Tag neu klären, welche ich-bezogene Handlung noch im Rahmen des Individualitätspostulats zumutbar und legitim ist und welche im Referenzraum der Liebe Toleranz erheischen muß.«[28]

Die hier beschriebene Aufgabe, sich innerhalb einer Beziehung zueinander zu öffnen, aber gleichzeitig auch gegeneinander abzugrenzen, ist keine leichte. Viele Beziehungen scheitern daran.

Eine weitere Aufgabe besteht darin, dass eine Grenzziehung nicht nur innerhalb des Paarsystems zwischen Ich und Du notwendig ist, sondern auch nach außen deutliche Grenzen gesetzt werden müssen, damit ein Paar sich als solches fühlen kann. Gerade in der Anfangsphase einer Partnerschaft ist daher oft das starke Bedürfnis vorhanden, eine symbiotische Einheit zu bilden. Es zeigt sich eine große Harmoniesucht, einander ganz zu gehören. Dazu zählt auch der Wunsch, der Außenwelt gegenüber demonstrativ als geschlossenes Paar in Erscheinung zu treten. Alle sollen es sehen: Wir gehören zusammen! Willi formuliert es so:

»1. Die Beziehung der Ehepartner zueinander muß klar unterschieden sein von anderen Partnerbeziehungen. Die Dyade muß gegen außen klar abgegrenzt sein, die Partner müssen sich als Paar fühlen, müssen füreinander eigenen Raum und eigene Zeit beanspruchen und ein eheliches Eigenleben haben. 2. Innerhalb eines Paars müssen die Partner aber klar voneinander unterschieden bleiben und klare Grenzen zwischen sich respektieren.«[29]

Das richtige Maß an Offenheit und Geschlossenheit ist ausschlaggebend für die empfundene Beziehungsqualität. Zu starre und zu offene Grenzen werden häufig zum Problem. Gerade die diffusen Grenzen können zu Unzufriedenheit, Spannungen und Ängsten führen, die das Zusammenleben sehr belasten. Auch in den Außenbeziehungen besteht also während des Beziehungsaufbaus eine wesentliche Herausforderung darin, eine Einheit zu entwickeln, die ein Wir-Gefühl ermöglicht, ohne sich abzuschotten.

Wenn die Balance von Ich-Du-Wir und das Grenzenziehen schon in »normalen« Partnerschaften eine wichtige und in der heutigen Zeit gleichzeitig auch kritische Aufgabe für die Beziehungsgestaltung darstellen, was bedeutet dies dann in Secondhand-Beziehungen? Welche spezifischen Hürden sind dort auf dem Weg zum Wir zu überwinden und wie wirken sich die diffusen Grenzen durch die Familienvergangenheit des Gebrauchten Mannes aus? Wie sehen Zweitfrauen den Spannungsbogen von Partnerschaftseinheit und Außenbeziehungen?

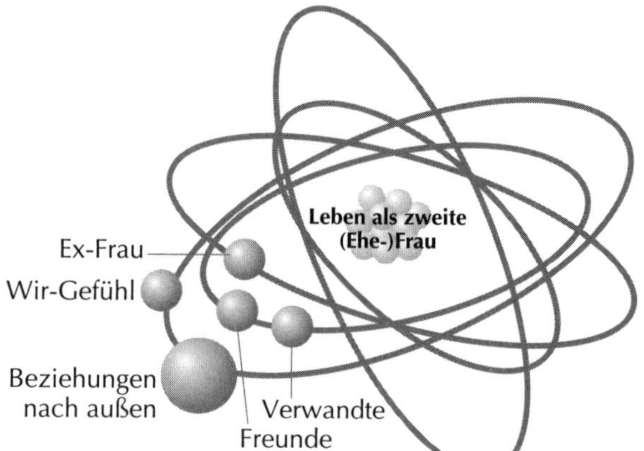

Abb. 7:
Zweitfrauen-Sichtweisen zu den Außenbeziehungen von Secondhand-Beziehungen

Vom Wir, vom Er und vom Ich

Von der Bedeutung eines Wir-Gefühls für die von den Partnern erlebte Qualität einer Beziehung haben wir eben erfahren. Zweitfrauen betonen dabei stärker als vielleicht ihre Partner die Bedeutung von Intimität und emotionaler Nähe für ein Wir-Bewusstsein. Ebenso liegt die Betonung für die Zweitfrauen dabei auf Pa(a)rtnerschaft. Ohne solch ein emotional gegründetes Wir wäre ein Zusammenleben auch nur Verpackung, in der zwei egozentrische Personen ihre Alltagsaufgaben abwickeln. Es muss sich daher auch in Secondhand-Beziehungen ein Wir-Gefühl aufbauen, das die gefühlsmäßige Basis für das gemeinsame Leben darstellt.

Mit großer Übereinstimmung empfinden Zweitfrauen immer dann ein Wir in ihrer Beziehung, wenn es um Situationen geht, in denen sie und ihr Partner unabhängig von äußeren Einflüssen ihr Leben gestalten können. Immer dann ist das Wir besonders deutlich, wenn sie wie zwei Singles gemeinsam den Alltag gestalten oder die Freizeit planen können.

Danny bringt es kurz und knapp auf den Punkt:

> »Wir = Wenn wir zusammen schlafen, essen, einkaufen, sauber machen, lachen, ausruhen, fernsehen, planen, arbeiten, Sport treiben.« *(Danny)*

Dann, wenn das gemeinsame Tun unabhängig von äußeren Faktoren erfolgen kann, wenn die Exklusivität der Gefühle deutlich spürbar ist, dann bestimmt auch das Wir die Paarbeziehung in der Secondhand-Partnerschaft. Auch wenn es etwas älteren Männern und Frauen manchmal schwer fällt, individuelle Gewohnheiten für die Beziehung einzuschränken oder gar aufzugeben, sich also noch einmal im Miteinander der Partnerschaft zu verändern, wird das dennoch als notwendiges und positives Element einer Aufbauphase anerkannt und als Zeichen eines Wir erlebt.

Etwas zusammen aufbauen, in die Zukunft investieren, das bestärkt das Wir einer Secondhand-Beziehung. Als ein deutliches Signal nach außen und innen ist in diesem Zusammenhang oft der Wunsch nach gemeinsamen Kindern anzusehen (vgl. Kapitel »Das Ende der Zukunft?«, S. 153 ff.). Sie werden als der lebende Beweis für ein Wir erlebt. Sie sind Bestandteil der »Jetztfamilie«, wie Brunhilde sie nennt, und lassen die Illusion einer »normalen« Vater-Mutter-Kind-Situation mit »normalen« Grenzen aufkommen (vgl. Abbildung 3, S. 31). Innerhalb dieser Scheingrenzen kann während der Woche Normalfamilien-Alltag gelebt werden.

Die Welt des Wir-Lebens wird jedoch häufig dann brüchig, wenn die Vergangenheit des Gebrauchten Mannes Raum oder Zeit im Leben der neuen Beziehung oder der »Jetztfamilie« beansprucht. Für viele Zweitfrauen baut sich dann ein *Gegenpol zum Wir* auf. Es wird daraus ein *Er und seine Vergangenheit* und ein *Ich*. Das geschieht häufig dann, wenn die neuen Partnerinnen das Gefühl bekommen, dass seine Kinder oder seine Ex-Frau mehr Beachtung finden als sie selbst. Das Gefühl kommt auf, wenn sie den Eindruck hat, dass der Partner lieber Konflikte mit ihr in Kauf nimmt als Auseinandersetzungen mit seinen Kindern oder deren Mutter. Die Spaltung des Wir ist also dann besonders spürbar, wenn das Verhältnis von Vergangenheit und Gegenwart aus dem Gleichgewicht zu geraten scheint und die Rollen im neuen System nicht klar verteilt und von beiden akzeptiert sind.

Sybille beschreibt die Crux sehr plastisch.

> »Das Wir-Gefühl ist leider, zumindest bei mir, wenig ausgeprägt, denn unser gemeinsames Leben orientiert sich in erster Linie an seinen Kindern und der Ex, deren Launen unseren Alltag bestimmen. Traurig, aber wahr. Es ist kein Leben zu zweit, da man ständig auf die Erstfamilie Rücksicht nehmen muss.
> Unser gemeinsames Leben baut sich auf den »Ruinen« der Vergangenheit auf, zumindest so lange, bis die Kinder erwachsen

und selbstständig sind. Der Zwiespalt Ich und Er tritt besonders stark auf, wenn wir unterschiedlicher Meinung sind, was zum Beispiel seine Kinder betrifft. Bei Meinungsverschiedenheiten bezüglich Erziehung oder schulischen Belangen trennt uns einfach die Barriere, dass ich nicht die Mutter der Kinder bin. Er bezieht mich zwar in sämtliche Fragen ein, letztendlich denke ich mir aber dann im Streit, wofür rege ich mich auf, es sind ja seine Kinder und nicht meine. Das verbindet nicht, sondern trennt vielmehr.« *(Sybille)*

Unabhängig davon, ob Sybilles Alltag tatsächlich so sehr von der ersten Familie ihres Mannes dominiert wird, ihr Empfinden ist so. Aus diesem Gefühl, von dem auch ihr Denken und Handeln maßgeblich bestimmt werden, resultiert dann ein Zweitfrauen-Ich, das sich mit seiner emotionalen Befindlichkeit allein gelassen fühlt, das sich missverstanden glaubt und das die Loyalität des Partners vermisst. Es ist ein schwaches, ängstliches, trauriges Ich.

Die Partner-Vater-Problematik hat schon aufgezeigt, dass speziell für bis dato kinderlose Zweitfrauen die Vaterrolle ihres Secondhand-Mannes einen Reibungspunkt darstellt (vgl. Kapitel 3). Wenn dieser dann zum Beispiel auch mal alleine etwas mit den Kindern unternehmen will, ist das Wir sogar demonstrativ physisch aufgebrochen. Es sind harte Beziehungsarbeit und eine gehörige Portion Toleranz und Akzeptanz von allen Beteiligten notwendig, damit sich trotz allem langsam ein Wir aufbauen kann, das auch seine Vergangenheit mit einbezieht.

Pamela weiß davon zu berichten, dass sich diese Arbeit dennoch lohnen kann:

»Seit ca. einem guten halben Jahr gibt es bei uns auch ein ›Wir-Gefühl‹ der Frauenrunde. Die Kinder sagen mal ganz stolz zum Papa (...): ›Wir machen eine Frauenrunde und genießen, und wir laden unsere Omi ein!‹ Seit ca. einem guten halben Jahr gibt es auch ein Wir-Gefühl von uns als Paar und von seinen

Kindern gemeinsam zu viert. Durch gemeinsame Erlebnisse und Unternehmungen und auch Alltag, vor allem aber durch die Umsetzung unseres gemeinsam ausgearbeiteten Vertrages kommt es immer mehr zu diesem ›Wir-Gefühl‹ als Wochenendfamily. Das tut besonders gut, weil die zweite Hälfte unseres ersten Ehejahres doch ziemlich turbulent und anstrengend war.« *(Pamela)*

Es gibt aber auch das gegenteilige Phänomen: Die Vergangenheit ist nicht das trennende Element im Wir-Gefühl, sondern wird zu einem verbindenden. Das Wir wird dann dadurch bestärkt, dass die Vergangenheit zu einem gemeinsamen Feindbild wird, gegen das die Zweitfrau und ihr Gebrauchter Mann zusammen kämpfen können. Das Gegen hinsichtlich juristischer Entscheidungen, der Forderungen der früheren Frau und der Einflussnahme von Ex-Frau und Kindern auf das neue Leben bekommt dann einen so hohen Stellenwert, dass es zum Baustein des Wir-Gefühls wird.

»Unsere Kämpfe nach außen führen wir zwar mit verteilten Aufgaben, aber immer zusammen aus.« *(Silvie)*

So wie manche Zweitfrau fühlt Silvie Zusammenhalt, Solidarität, Verbundenheit mit ihrem Partner besonders im gemeinsamen Kampf gegen die Überreste seiner Vergangenheit. Gemeinsam die Probleme zu lösen, denen sich eine Secondhand-Beziehung ausgesetzt sieht, stärkt das Wir-Gefühl und kommt dem Helfersyndrom vieler Zweitfrauen entgegen. »Kampfschauplatz« sind in der Regel die Folgen, die aus den diffusen Grenzen des Secondhand-Systems entstehen.

Über die Öffnung der Grenzen durch die Vaterrolle des Partners haben wir bereits ausführlich gesprochen (vgl. Kapitel 3). Damit eng verbunden sind Kontakte zur Mutter der Kinder, der ehemaligen Partnerin des Gebrauchten Mannes.

Wie konkret oder diffus empfinden Sie die Grenzen in Ihrer Partnerschaft?

- ✗ In welchen Situationen empfinden Sie ein Wir-Gefühl in Ihrer Partnerschaft?
- ✗ In welchen Situationen empfinden Sie eher ein Er und Ich?
- ✗ Wie geht es Ihnen persönlich dabei?

Die Dritte im Bunde? – Zum Verhältnis zwischen Zweitfrau und Ex-Frau

Die Ex – das ist ein Thema für sich. Es gibt im Zusammenhang mit Trennung und Scheidung kaum ein Thema, das von allen beteiligten Personen, also den Zweitfrauen, den Gebrauchten Männern und den Ex-Frauen, selbst so kontrovers, so emotional-polarisierend und aggressiv diskutiert wird. Es ist ein Thema, das von mangelnder Reflexivität, pauschalisierender »Schwarz-Weiß-Malerei« und den damit verbundenen Beschimpfungen geprägt wird, da das gegenseitige Verständnis für die Situation des anderen kaum gegeben ist.

Werden von allen Seiten die Kontakte zu den Kindern des Partners akzeptiert oder toleriert, da diese ja noch ein Teil von ihm sind, so sprengen die Verbindungen zur Ex-Frau eindeutig die Grenzen des Paarsystems in der Secondhand-Beziehung. Es fällt allen Beteiligten schwer, damit umzugehen. Dies schließt selbstverständlich die Ex-Partner – oder gerade diese –

mit ein. Sie selbst suchen in der Regel nach einer Trennung die größtmögliche Distanz zueinander, unter anderem, um das Erbe des Versagens in ihrer ersten Ehe abzuschütteln. Furstenberg beschreibt dieses Verhalten als ein typisches rituelles Tabu.[30] Paare, die sich trennen, »dürfen« nicht mehr normal miteinander umgehen können, da sonst ihre Trennung nach innen und außen an Legitimität verlieren würde. Es fehlt auch immer noch an der Einsicht, dass Unterstützung durch neutrale Dritte notwendig wäre, damit die Verletzungen und Kränkungen, die bei dem Auseinandergehen von sich ehemals Liebenden ganz normal sind, akzeptiert werden können. Nur dann kann ein zukünftiges Mit- oder friedliches Nebeneinander aufgebaut werden.

Welche Gefühle verbinden die neuen Partnerinnen von geschiedenen oder getrennt lebenden Männern mit dem Thema Ex-Frau?

Secondhand-Beziehungen, in denen es keine meist juristisch zwangsdefinierten Beziehungen zur früheren Frau (mehr) gibt, werden als Glücksfälle bezeichnet – selbst gewählte, freundschaftliche Kontakte zwischen »Neuer« und »Alter« und dem Gebrauchten Mann zählen zu den Raritäten. Es sind seitens der Zweitfrauen *Ambivalenzen* erkennbar, die sich zwischen Freundschaft und Hass, zwischen Neutralität und Konkurrenz im Verhältnis zur Ex-Frau bewegen (vgl. Kapitel »Von Ambivalenzen«, S. 115 ff.). Aber auch *Ohnmacht* und *Unsicherheit* sind Empfindungen, die sehr häufig beschrieben werden (vgl. Kapitel »Von Macht und Ohnmacht«, S. 123 ff.).

Welche Beziehung sich zwischen Zweitfrau und Ex-Frau letztlich einstellt, ist stark davon abhängig, wie das Verhältnis der getrennten Partner zueinander ist, wie die beiden miteinander kommunizieren können beziehungsweise welche gegenseitigen Verpflichtungen zueinander bestehen. Dabei beziehen sich die Gefühle oftmals mehr auf ein *Phantom*, da Zweitfrau und Ex-Frau sich nicht immer persönlich kennen (vgl. Kapitel »Vom Umgang mit einem Phantom«, S. 119 ff.).

Von Ambivalenzen

Zu Beginn einer Secondhand-Beziehung gibt es nur wenige Zweitfrauen, die eine negative Beziehung zu ihrer Vorgängerin grundsätzlich als unabwendbar ansehen. Im Gegenteil: Viele Zweitfrauen betonen den »guten Willen« ihrerseits, ein zumindest neutrales Verhältnis aufzubauen. Aber in nur ganz wenigen Fällen gelingt das auch.

Amelie scheint da die große Ausnahme zu sein. Sie erzählt als einzige Zweitfrau von einem ausgesprochen guten Verhältnis zur Vergangenheit ihres Mannes, das sie auch nach Beendigung der Partnerschaft weiter pflegt.

> »Mit meiner unmittelbaren Vorgängerin hatte ich eigentlich keinen Kontakt, ich kenne sie zwar, und er hat sie ab und an mal getroffen, was mich nie gestört hat. Aber eigentlich überhaupt keine Beziehung – weder gut noch schlecht. Mit seiner ersten Frau hingegen bin ich dicke befreundet, unsere Kinder sind sich trotz des großen Altersunterschiedes sehr ihrer ›Geschwisterlichkeit‹ bewusst und haben sich sehr lieb (auch wenn ich beide zusammen rumtollen sehe, denke ich, dass beide erst vier sind, und nicht einer schon über zwanzig). Mit ›Ex-Frau‹ gehe ich auch aus, wir besuchen uns und verstehen uns beide sehr gut mit unseren Ex-Schwiegereltern, sie hat mich ihren Eltern vorgestellt und ich sie den meinigen.
> Meine Partnerschaft hat vor kurzem sich offiziell gelöst (dabei ging es aber weder um einen anderen Mann noch um eine andere Frau). Mit meinem ›Ex‹ läuft's weiter gut, die Schwiegereltern lieben mich auch noch, und aus der Geschichte habe ich neben einer tollen Liebe, die jetzt zwar leider vorbei ist, eine bezaubernde Tochter, einen tollen Stiefsohn-Kumpel, Lebenserfahrung und eine FREUNDIN gewonnen. Und wenn dann noch eine nette Frau kommt, die dann den Mann aus – mein Gott! – dritter oder vierter Hand übernimmt, ist auch sie willkommen im Klub glücklich befreundeter Ex-Frauen.«
>
> *(Am*

Wie gesagt, ein so dauerhaft positives Verhältnis zwischen Ex-Frau und neuer Partnerin ist in der Beziehungslandschaft eher exotisch. Es ist in vielen Fällen zunächst einmal ein langsames Aneinander-Herantasten, das von vielen Unsicherheiten bestimmt wird (vgl. Kapitel »Vom Umgang mit einem Phantom«, S. 119 ff.). Kognitive Überlegungen und natürlich auch Neugier sind die Motive, die frühere Frau einmal kennen lernen zu wollen. Gerade in den Secondhand-Partnerschaften, in denen die Mutterrolle der Ex-Frau kontinuierliche Kontakte unumgänglich macht, erscheint es manchen Zweitfrauen notwendig und sinnvoll, sich als neue Partnerin des Vaters mit der Mutter seiner Kinder bekannt zu machen. Vielen Zweitfrauen kommt dann im Laufe der Zeit sogar eine Organisations- oder Vermittlungsrolle zu. Sie sprechen mit der Mutter Termine ab, klären Alltagsdinge und koordinieren Absprachen, die eigentlich auf der Elternebene geregelt werden sollten. Zweitfrauen wird so schnell die Funktion eines »Wellenbrechers« übertragen, oder sie nehmen diese selbst an, wie es bei Johann der Fall ist:

> »Meine Partnerin hilft mir sehr, glättet die Wogen, gibt mir einen anderen Blickwinkel, liebt meine Kinder, sie kann mit der Ex Alltagsdinge absprechen, weil sie deren Widerspruchsgeist nicht so sehr weckt wie ich.« *(Johann)*

Aus solchen organisatorischen Kontakten können sich fast freundschaftliche Begegnungen ergeben – schließlich hat »frau« Gemeinsamkeiten: den gleichen Mann und Umgang mit den gleichen Kindern – beides zumindest zeitversetzt. Ist die Beziehung zwischen ihm, seinen Kindern und seiner Ex-Frau relativ konfliktfrei, könnte sich das Verhältnis unter den Frauen positiv festigen. Sind jedoch die Reibungspunkte der Scheidungsauseinandersetzungen noch akut, wird davon auch das Verhältnis zwischen Zweitfrau und Ex-Frau berührt. Wie bei Brunhilde ist Misstrauen zueinander dann die mildeste Form emotionaler Distanz.

»Viel später hat es sich dann ein paar Mal so ergeben, dass wir zusammen Kaffee getrunken haben, wenn sie die Kinder mal hier holte und mein Mann zu der Zeit zur Arbeit war. In dieser Zeit habe ich sie sogar ganz nett gefunden, sie hatte da etwas von einer ›netten Bekannten‹. Was ich jedoch nicht wegbekam, war die Vorsicht, mit der ich mit ihr gesprochen habe. Ähnlich wie beim Gericht: ›... alles, was sie sagen, kann gegen sie verwendet werden ...‹ Das letzte Treffen war für mich echt grausig.« *(Brunhilde)*

Je intensiver die juristischen Auseinandersetzungen zwischen den Ex-Partnern geführt werden, umso wahrscheinlicher ist es, dass Zweitfrauen die Ex-Frau immer mehr als »Kriegsführerin« erleben, die im Scheidungskampf alle Register zieht, um den Mann zu bestrafen und der neuen Partnerschaft zu schaden. Sie sieht sich dann schnell mit den Grenzen ihrer Rolle als Zweitfrau konfrontiert (vgl. Kapitel »Von Macht und Ohnmacht«, S. 123 ff.), und die Vergangenheit wird zur permanenten Konkurrenz in der neuen Beziehung.

Aber auch von Frau zu Frau ist manchmal eine neugierige Konkurrenz nicht zu verleugnen. Fragen nagen am Selbstbild:

- Wer ist die Frau, die der jetzige Partner einmal geliebt hat?
- Was hat sie, was er insgeheim auch gerne bei mir sehen würde?
- Ist sie attraktiver, kommunikativer, erfolgreicher als ich?

Gerade dann, wenn die Zweitfrauen ihre »Vorgängerinnen« nicht kennen – und das ist, wie wir im nächsten Kapitel »Vom Umgang mit einem Phantom« (S. 119 ff.) noch sehen werden, sehr häufig der Fall –, ist der Vergleich mit ihnen ein Fixpunkt, mit dem sie sich dauernd beschäftigen.

»Ich wiederum befasste mich in meinen Gedanken viel zu sehr mit ihr, konnte nicht abschalten, träumte von ihr, verglich mich mit ihr und sah in jeder blonden Frau sie.« *(Sybille)*

Es ist ein typischen Merkmal einer noch jungen, wenig gefestigten Secondhand-Partnerschaft, dass sich Zweitfrauen ihrer Bedeutung für den Partner noch nicht sicher sind. Besonders bei Zweitfrauen, deren Partner von ihren Ex-Frauen verlassen wurden und deren Beziehungen zu ihren Gebrauchten Männern bislang nicht durch den institutionalisierten Trauschein staatlich legalisiert sind, besteht eine unterschwellige Angst, vielleicht doch nur jeweils »Ersatzfrau« zu sein. Es ist die Angst, beiseite gestellt zu werden, falls ihre Vorgängerinnen es sich doch noch einmal anders überlegen. Die Unsicherheiten sind teilweise so groß, dass der gemeinsame Hass beider Partner auf die Ex-Frau zu einem wichtigen Bestandteil des Wir-Gefühls wird.

> »Gefühlsmäßig sehe ich ebenfalls keine Belastung (Eifersucht), da mein Mann seine Ex zutiefst hasst. Ich weiß nicht, ob ich damit leben könnte, wenn er mit seiner Ex noch befreundet wäre, eher nicht.« *(Christine)*

Für Christine mag sich aus dem Hass kurzfristig eine emotionale Entlastung ergeben, mit der sie sich ihrer Position im Paarsystem versichert. Auf Dauer ist dadurch jedoch keine Stabilität gewährleistet, da die Unsicherheiten nicht nur ein Kennzeichen der inneren Beziehungsqualität sind, sondern in vielen Situationen auch von außen an die Beziehung zwischen Ex-Frau und Zweitfrau herangetragen werden.

Vom Umgang mit einem Phantom

Wie begegnet »frau« ihrer Vorgängerin? Auf diese Frage geben uns die gesellschaftlich verbindlichen Normen keine konkrete Antwort. Obwohl Trennung und Scheidung nun schon seit mehreren Jahrzehnten gelebte Realität sind, gibt es keine Umgangsrituale, die den Betroffenen Orientierung geben könnten. Unsere immer noch auf die Kernfamilie ausgerichtete Lebensplanung kennt keine Modelle zum Miteinander mit den Bezugspersonen innerhalb der diffusen Grenzen von Folgefamilien. Das erschwert den Umgang enorm und plakatiert die notwendigen Kontakte zueinander immer mit dem Stempel des »Ausnahmezustands«.

So ist es vielleicht auch nicht erstaunlich, dass viele Zweitfrauen die Ex-Frauen ihrer Männer erst sehr spät oder manchmal gar nicht kennen lernen. Sie sind eher ein Phantom, das immer wieder im Leben der Zweitfrauen auftaucht. Gehört hat »frau« in der Regel schon viel von der Ex-Frau – durch den Trennungsfilter des Partners nicht immer Gutes. Vielleicht hat die Zweitfrau auch schon ein Foto gesehen, das die Neugierde – »Wie sieht sie denn aus?« – befriedigen konnte. Aber wie gestalten sich reale Begegnungen?

Die Situationen sind sicherlich sehr unterschiedlich, aber in jedem Fall sind sie mit großen Unsicherheiten für alle Beteiligten verbunden. Oft ist es zunächst einmal ein Kontakt per Telefon. Vielleicht ist es auch ein erschrecktes Wegschauen, wenn sich Zweitfrau und Ex-Frau zufällig auf der Straße begegnen, oder ein kurzes Kopfnicken, wenn die Kinder übergeben werden. Bei der ersten Begegnung kann es sich aber auch um eine bewusste Demonstration handeln, wenn mit dem Erscheinen der Zweitfrau auf einem Familienfest die neue Zusammengehörigkeit dokumentiert werden soll.

> »Die Begegnungen sind manchmal unerfreulich. Sie hat zu meinem Freund in meinem Dabeisein gesagt, ich möchte den Hausflur [innerhalb eines Mehrfamilienhauses] das nächste

Mal nicht betreten, ich soll draußen vor der Tür warten. Inzwischen geht keiner mehr von uns in den Hausflur, nur wenn es was zu besprechen gibt. Bei der Einschulung der kleinen Tochter wollte sie auch nicht, dass ich mitgehe, aber mein Freund sagt, wir machen alles gemeinsam, wir haben es auch gemacht, sie kann dann ja nichts dagegen tun.« *(Britt)*

Ob Britt und ihr Partner darüber nachgedacht haben, wie sich die kleine Tochter in dieser Situation wohl fühlen wird?

Gerade die familialen Anlässe sind immer wieder Bühne für die Kontakte zwischen Ex-Frau und Nachfolgerin. Schon im Vorfeld sind Spannungen an der Tagesordnung. Wer soll eingeladen werden? Wer kommt nicht, wenn man entweder die Ex-Frau oder den geschiedenen Mann mit seiner neuen Partnerin einlädt? Diese Fragen sind übrigens leider nicht nur auf die Anfangsjahre einer Secondhand-Beziehung beschränkt. Familiale Anlässe sind für Secondhand-Partnerschaften auch dann noch mit Spannungen verbunden, wenn der Gebrauchte Mann Großvater wird und die Frage zu klären ist, wer zur Tauffeier kommen darf. Das liegt nicht immer an den beiden Ex-Partnern. Häufig sind es andere enge Verwandte oder Freunde, die das Muster des Kernfamilienmodells nicht verlassen können und so nur zu einem Entweder-oder-Kontakt fähig sind.

Treffen Ex-Frau und Zweitfrau dann aber doch irgendwann aufeinander, können sie in jedem Fall sicher sein, dass sie genau beobachtet werden, ob und wie sie beide die Situation meistern. Auch hier sind es wieder die nicht vorhandenen Rituale oder Orientierungsmuster, die die Situation für alle mittelbar oder unmittelbar Betroffenen so schwierig erscheinen lassen. Nicht selten ist es auch der Gebrauchte Mann, der seinerseits eine Begegnung »seiner Frauen« vermeiden möchte. Für ihn ist die Situation des Zusammentreffens sicherlich ebenso spannungsgeladen wie für die Frauen. Bei direkten Kontakten der Frauen miteinander könnten Situationen unvermeidbar werden, in denen er plötzlich nicht nur bildlich, sondern wörtlich zwischen zwei Frauen steht. Oft verbirgt sich hinter einer solchen Vermeidungshaltung aber auch die Befürchtung, die Ex-Frau könnte die neue Partnerin beeinflussen, sie könnte »Schlechtes« über ihn erzählen.

Beispielhaft ist die Erzählung von Nina, deren Kontakte zur Ex-Frau ich Ihnen etwas ausführlicher vorstellen will.

> »Mein Freund wollte ja am Anfang unbedingt vermeiden, dass ich ihr begegne. Er wollte sie schützen und ich konnte das verstehen. (Würd ich heute nicht mehr akzeptieren!) Wenn sie dann ins Haus kam, habe ich mich nach oben ›verzogen‹ und mich irgendwann dabei gefühlt, als hätte ich Aussatz ... Das war ganz furchtbar erniedrigend. Ich saß da oben im leeren Zimmer, während mein Freund ihr im Wohnzimmer etwas von unserem Mittagessen anbot.« *(Nina)*

Auch wenn Nina sich durch ihren Rückzug sehr erniedrigt fühlt, steht sie der Aussicht beziehungsweise der Notwendigkeit, die Ex-Frau endlich kennen zu lernen, sehr ambivalent gegenüber. Wie viele andere Frauen hat sie ein zusätzliches Problem. Sie ist in die frühere Ehewohnung gezogen, die ihr Gebrauchter Mann vor der Trennung mit seiner Ex-Frau bewohnt hat. Daraus resultieren zusätzliche Belastungsfaktoren, die Nina in ihrer Rolle als Zweitfrau verunsichern. Ihre Gefühle sind sehr zwiespältig:

> »Manchmal möchte ich sie kennen lernen, um erstens das Bild vom Phantom loszuwerden und zweitens mich nicht wie ein Aussätziger zu fühlen, der sich im Hinterzimmer verstecken muss, wenn sie die Kinder abholt. Ich möchte mich wirklich zu Hause fühlen, ich möchte ans Telefon gehen, ohne Angst, dass sie dran ist. Andererseits ist sie momentan dermaßen nah, dass ich ihr nicht persönlich begegnen möchte. (Viel lieber wäre sie mir momentan auf dem Mond!)« *(Nina)*

Es dauert noch mehrere Monate, bis es dann tatsächlich zu einem persönlichen Kontakt zwischen der Zweitfrau Nina und der Ex-Frau ihres Partners kommt. Erst dann überwindet Nina ihre Ängste und sie geht aktiv auf das »Phantom« Ex-Frau zu.

> »Wenn die Kinder bis Montagmorgen bei uns sind, wir aber wegen der Arbeit schon sehr früh aus dem Haus gehen müssen, dann holt die Ex die Kinder für die Schule bei uns ab. An jenem Morgen war ich aber zu Hause. Als die Kinder ihr Auto hörten, ging ich mit ihnen in den Flur, um sie zu verabschieden, Marcel öffnete schon mal die Tür ... da stand sie dann schon ziemlich auf die Seite gedrängt, weil sie anscheinend meine Stimme gehört hatte, aber nicht gesehen werden wollte. Ich sah dann quasi nur den Ärmel ihrer Jacke, sie wahrscheinlich meinen Ärmel – das erschien mir dann doch zu blöd und ich rief wenigstens ›Guten Morgen‹. Daraufhin streckte sie kurz den Kopf herein und ... weg war sie.
> Mir ging es anschließend erstaunlich gut!!! Ich war aktiv!!! Ich hatte mich nicht vor ihr versteckt!!! Genau genommen fühlte ich mich so sicher wie noch nie!« *(Nina)*

Die zweite Begegnung verläuft für Nina ebenfalls positiv. Sie überwindet sich, geht auf die Frau zu und begrüßt sie per Handschlag. Auch danach hat sie ein positives Gefühl: Das »Phantom« scheint überwunden. Nina gewinnt an Selbstsicherheit in ihrer Rolle, zumal sie bemerkt, wie unsicher die Frau ist, von der bis dahin so viel Macht auszugehen schien.

Aber nicht alle Zweitfrauen können aus den Begegnungen mit den Vorgängerinnen so viel Selbstvertrauen schöpfen. Für sehr viele Frauen bleibt dies eine Nervenprobe mit Herzklopfen, eine Begegnung, die an die Substanz geht und ungeheure Kraft kostet. Auch hier bestätigt sich die Beobachtung: Je ungelöster die Trennungsproblematik zwischen den Ex-Partnern ist, umso belasteter ist die Beziehung zwischen den Frauen – wie bei Silvie manchmal über Jahre hinweg:

> »Ich habe ca. dreimal mit ihr telefoniert, respektive hat sie bei uns angerufen und mich am Telefon gehabt. Bemüht höfliche Distanz ist die freundlichste Umschreibung dieser Gespräche. Mir fährt so ein direkter Kontakt auch heute noch in den Magen. Es verursacht mir regelrechte Panikattacken.« *(Silvie)*

Es gibt sicherlich viele Faktoren, die Einfluss darauf haben, ob die Entmystifizierung des »Phantoms« Ex-Frau das Selbstbewusstsein der Zweitfrau stärken kann. Ein wichtiger Aspekt ist das Empfinden von Macht und Ohnmacht seitens der Zweitfrau, wie sie im folgenden Abschnitt beschrieben wird. Je größer das Ohnmachtempfinden, umso stärker ist der Wunsch, dass die Ex-Frau ganz aus dem Leben der Secondhand-Beziehung verschwinden möge:

> »Ich habe mir diese Person so weit weg wie möglich gewünscht, um es mal ganz dezent zu formulieren.« *(Kathi)*

Von Macht und Ohnmacht

Tatsache ist, dass in vielen Secondhand-Beziehungen die Vergangenheit des Partners eben nicht nur in den Fotoalben und den mehr oder minder schönen Erfahrungen an juristisch für beendet erklärte Zeiten fortlebt. Sie ist tagtäglicher Bestandteil des neuen Lebens, der sich in monatlichen Schecks, in Form gerichtlichen oder anwaltlichen Schriftverkehrs oder in direkten Kontakten zu den Kindern des Mannes und zur früheren Frau in Erinnerung bringt. Je ungeklärter die Trennungssituation ist und je geringer die emotionale Trennung zwischen den Ex-Partnern erfolgt ist, umso mehr bestimmen sie das Leben der Secondhand-Partnerschaft. Greifbar werden diese eigentlich strukturellen Trennungsdefizite aber vor allem in der Person der Ex-Frau, mit der offen oder verdeckt um Unterhalt oder Besuchsorganisation gestritten wird.

Aus Sicht der Zweitfrauen ist manche Ex-Frau

- wie ein »... böser Geist, der über unserer Beziehung schwebt ...«; *(Anna)*
- jemand, die »... in unserem Leben immer präsent ist«; *(Michaela)*
- eine Person, die auch nach fünf Jahren immer noch glaubt, »... die älteren Rechte zu haben und die alte Familie zusammenhalten zu können«. *(Anna)*

Es macht sich das Gefühl breit, die frühere Frau wäre auch in der neuen Beziehung allgegenwärtig, sie wäre fester Bestandteil der Secondhand-Partnerschaft.

Ein Faktor, der das Gefühl, eine »Beziehung zu dritt« zu führen, begünstigt, ist die intensive kommunikative Verarbeitung der Trennung durch lange Gespräche zwischen Gebrauchtem Mann und Zweitfrau (vgl. Kapitel »Man kann doch über alles reden ...«, S. 66 ff.). Auf der einen Seite kann dadurch eine große Nähe zwischen den neuen Partnern entstehen, auf der anderen Seite ist für diese Nähe immer die Ex-Frau als Gesprächsthema notwendig. Das macht sie präsent – bei Nina sogar so präsent, als wäre sie tatsächlich ein Familienmitglied.

> »Zurzeit beschäftigt sich mein Freund sehr sehr stark mit seiner Vergangenheit, sodass sie [die erste Frau] auch in unseren zwei bis drei Stunden abends immer noch durch Gespräche oder Gedanken dabei ist. Sie nimmt zurzeit so viel Raum ein, dass ich manchmal den Gedanken habe, ich müsste den Tisch für sie mitdecken.« *(Nina)*

Auch durch die Kinderbesuche kommt immer ein Stück der Mutter, der Ex-Frau mit in die Secondhand-Partnerschaft hinein. Ganz körperlich sogar, denn die Kinder bringen unbewusst Bruchstücke von deren Lebensphilosophie und Alltagspragmatik zu den Besuchswochenenden mit. Sie konfrontieren dadurch die neue Beziehung mit alten Gewohnheiten oder Eigenschaften, von denen sich die neuen Partner vielleicht bewusst abgrenzen wollen. Ob gewollt oder ungewollt, es geht also ein nicht zu unterschätzender Einfluss von der Ex-Frau auf die Secondhand-Beziehung aus, von dem sich die Zweitfrau betroffen fühlt.

Kim bringt diese Belastung deutlich zum Ausdruck.

> »Sie beeinflusst es [unser Zusammenleben] in sehr vielen Bereichen, einfach weil die Kinder meinem Partner wichtig sind und sie über die Kinder bestimmen kann. Die Mädels sind auch so von ihr eingenommen, dass ihr Wort für sie Gesetz ist. Das heißt, wir werden ständig mit ihren Ansichten, Meinungen, Wünschen etc. konfrontiert. Um das Ganze noch schöner zu machen, sehen die beiden Töchter ganz genau wie die Ex-Frau aus.« *(Kim)*

Viele Zweitfrauen fühlen sich diesem Einfluss schutzlos ausgeliefert. Sie empfinden, dass die Ex-Frauen Macht haben und diese auch ausüben: Macht durch Unterhaltsforderungen, Macht durch juristische Ränkespiele, Macht durch die Verfügungsgewalt über die Kinder. Sie selbst fühlen sich dabei in ihrer Rolle als Zweitfrau gegenüber dem Einfluss der Ex-Frau in weiten Bereichen ihrer eigenen Lebensplanung ohne Macht – ohnmächtig.

Wie das Ohnmachtsgefühl in vielen kleinen und bedeutenden Alltagsaufgaben deutlich wird, soll in Kapitel 5 noch konkret beschrieben werden. Grundsätzlich wird die Ohnmacht den Zweitfrauen aber in all den Fragen besonders bewusst, in denen sie eine Abhängigkeit von der Ex-Frau für sich selbst oder für den Partner spüren. Das ist fast immer in Fragen der Besuchsregelungen der Fall. Beide fühlen sich vom »good will« der Kindesmutter abhängig und damit in ihren eigenen Bedürfnissen eingeschränkt, wenn die Besuchsmöglichkeiten nicht erschwert werden sollen (vgl. Kapitel »Die Grenzen des Zeitmanagements«, S. 148 ff.). Häufig genug sind es ja tatsächlich die Kindeskontakte, über die eine nicht konstruktiv beendete Beziehung kriegsähnlich weitergeführt wird. Kims oben zitierte Befürchtungen sind also nicht von der Hand zu weisen. Sybille empfindet bei diesen Fragen ebenfalls Ohnmacht.

> »Zu Beginn meiner Beziehung zu ihrem Ex-Mann ›BEHERRSCHTE‹ sie mein und unser Leben. Weder mein Partner noch sie hatten die Scheidung beziehungsweise die Eheproblematik verarbeitet, als meine Partnerschaft mit ihm begann.
> Wir waren beide ihrem Frust und ihren Launen ausgeliefert. Mein Partner hatte Angst, den Kindern zu schaden, wenn er nicht tat, was sie wollte, und konnte sich lange nicht gegen sie behaupten, was mich wiederum fürchterlich aufregte. Sie kommandierte ihn herum, als wenn sie noch verheiratet gewesen wären, und wollte ständig ›Zugriff‹ auf ihn haben.«
>
> *(Sybille)*

Wenn der Partner dann aus Sicht der Zweitfrau, wie Sybille es sieht, »um der Kinder willen« sich zu sehr der »Macht« seiner Ex-Frau ausliefert, geraten das Wir-Gefühl der Zweitfrau und ihr Loyalitätsbedürfnis ins Wanken (vgl. Kapitel »Vom Wir, vom Er und vom Ich«, S. 109 ff.).

Auch die finanziellen Folgeregelungen um Ehegatten oder Kindesunterhalt sind ein Machtpotenzial, dem die Zweitfrauen sich hilflos ausgeliefert sehen (vgl. Kapitel »Die ökonomischen Grenzen der gemeinsamen Zukunft«, S. 142 ff.). Rechtlich betreffen die Forderungen zwar nur den Partner, praktisch betreffen sie die zweite Frau in der Organisation des Beziehungsalltags in der Regel aber ebenso. Jeder Brief vom Anwalt bedeutet zunächst einmal Unruhe und Ungewissheit, wie der juristische Entscheidungsprozess ausgehen wird und welche Folgen das für die Secondhand-Beziehung kurz- oder langfristig haben wird. Es resultieren daraus Folgen, von denen sich die Zweitfrauen emotional direkt betroffen fühlen.

Im Gegensatz zu ihrer persönlichen Betroffenheit können sie hier jedoch keinerlei Einfluss auf rechtliche Entscheidungsprozesse nehmen. Sie sind als Person tatsächlich rechtlich in vielen Fällen vollkommen ohne Bedeutung (vgl. Kapitel »Familiensysteme erster und zweiter Klasse?«, S. 39 ff., und Kapitel »Status von Zweitehen und Zweitfamilien in Deutschland«, S. 191 ff.).

So tragen Zweitfrauen in Bezug auf Sorgerechts- und Unterhaltsfragen ihre Kämpfe für die Paarbeziehung durch die Einflussnahme auf das Verhalten und Vorgehen des Partners aus. Es ist so eine Art Schattenboxen gegen die »Macht« der ehemaligen Frau ihres Partners, bei dem den Zweitfrauen aber immer wieder ihre Ohnmacht vor Augen geführt wird. Dadurch sind andauernder Zündstoff in der Partnerschaft und eine »ohnmächtige« Wut vorprogrammiert.

> »Geldsorgen kommen auch immer wieder auf uns zu. Unterhaltsansprüche, Gerichtskosten, Anwaltskosten, und er muss im Gegensatz zu ihr alles bar bezahlen, während die armen Damen Prozesskostenhilfe beantragen können, nach dem Motto ›Und ich habe keinen Cent dazubezahlt‹. Die Wut wird so maßlos groß und du weißt nicht, wohin damit. Also kracht es irgendwann zwischen deinem Partner und dir.« *(Dorothee)*

Wenn die Beziehung zum Secondhand-Partner dennoch funktioniert und die Partnerschaft alle Hürden und Klippen meistert, dann wandelt sich die Ohnmacht manchmal auch in einen kleinen »Siegesrausch«. Dem kann sich auch Brunhilde nicht verschließen:

> »Wir wollten heiraten, ich war schwanger und eigentlich recht glücklich – wenn ich ganz ehrlich bin, war es auch etwas wie ein Triumphgefühl: Ätsch, wir haben es *trotz* deiner ständigen Theater geschafft zusammenzubleiben.« *(Brunhilde)*

Wie sehen Sie Ihr Verhältnis zur Ex-Frau des Partners?

- ✗ Haben Sie das Gefühl, die Ex-Frau hat Einfluss auf das Leben in Ihrer Secondhand-Beziehung?
- ✗ Haben Sie persönlichen Kontakt zur Ex-Frau?
- ✗ Wie geht es Ihnen bei den Begegnungen?
- ✗ Wenn Sie keinen Kontakt haben, würden Sie das gerne ändern?

Die »lieben Verwandten« und die »guten Freunde«

In keiner Beziehung leben die Partner wie Robinson Crusoe und Freitag auf einer einsamen Insel. Beide sind in soziale Zusammenhänge eingebunden. Verwandtschaftliche Netze und freundschaftliche Kontakte gehören zum jeweiligen individuellen Leben der Partner und sind ein wichtiger Bestandteil von deren Identität. Verwandte und Freunde bedeuten dabei immer eine Verbindung von Vergangenheit und Gegenwart – die neue Partnerschaft steht dagegen mehr für die Verbindung von Gegenwart und Zukunft.

Wenn zu Beginn der Liebesbeziehung die neue Partnerin, der neue Partner »in die Familie eingeführt wird« oder in den bereits bestehenden Freundeskreis integriert werden soll, sind das auch in »normalen« Partnerschaften spannende Momente. Welche Akzeptanz findet der Neue – die Neue?

Wie wohl fühlt sie oder er sich im Kreise der »lieben Verwandtschaft« oder der »guten Freunde«? Eine gelungene Integration in die freundschaftlichen und verwandtschaftlichen Netze stellt immer auch einen stabilisierenden Faktor für die Partnerschaft dar und hat somit eine nicht zu unterschätzende Bedeutung für jede Paarbeziehung.

In einer Secondhand-Beziehung ist die Integration der Zweitfrau in bestehende verwandtschaftliche und freundschaftliche Systeme mit verschiedenen spezifischen Handikaps versehen. Diese resultieren aus der Tatsache, dass die Zweitfrau eine Position einnimmt, die schon einmal besetzt war. Die Ex-Frau hat mit dem Verwandten- und Freundeskreis eine mehr oder minder lange gemeinsame Vergangenheit, die verbindet. Oft bleibt es nicht nur bei gemeinsamen Erinnerungen. Aktiv weitergeführte Kontakte können bis in Gegenwart und Zukunft hineinreichen, und der Platz der neuen Frau an der Seite des Gebrauchten Mannes ist im Freundes- und Verwandtenkreis dann nicht so frei wie im Partnersystem. Daraus erwächst wiederum eine Vielzahl von Spannungspotenzialen, die für die Zweitfrau weitere Herausforderungen darstellen.

Aber auch die geschiedenen oder getrennt lebenden Männer haben manchmal Akzeptanzschwierigkeiten in der Familie und bei den Freunden ihrer neuen Partnerin (vgl. Kapitel »Du hättest etwas Besseres verdient ...!«, S. 135 ff.).

Persönliches Profil durch Abgrenzung

Wie gerade angesprochen, ist die Zweitfrau – rein zeitlich betrachtet – die zweite Besetzung im Schauspiel, das sich Beziehung nennt, und das Publikum ist geneigt, sie mit der ersten Besetzung zu vergleichen. Und so fühlt sich die Zweitfrau auch oftmals: auf dem Prüfstand oder wie bei der Musterung mit der Ex-Frau als Maßstab. Es beginnt manchmal ein Wettbewerb um die Gunst der Verwandten und Freunde. Als Punktsieger sieht sich die Zweitfrau meist dann, wenn das soziale Umfeld des Partners die Ex-Frau abwertet und sich von ihr distanziert. Signalisieren die Freunde und Verwandten: »Die Ex hat sowieso nicht zu ihm gepasst; niemand hat verstanden, warum er gerade *die* geheiratet hatte, *die* hat ihn eh nur abgezockt oder unter den Pantoffel gestellt«, interpretiert die Zweitfrau das als tiefes Akzeptanzgefühl für ihre eigene Person. Die negative Einstellung anderer zur Ex-Frau wird gewendet in das selbstbestätigende Gefühl: *Ich* tue ihm gut; *ich* bin die Richtigere.

Viele Zweitfrauen fühlen sich dann besonders wohl im sozialen Umfeld des Partners, wenn sie sich ganz deutlich von der Ex-Frau abgrenzen können – so wie auch Stina:

> »Tja, ich habe schon die musternden Blicke gespürt, die ich abbekommen habe, als ich zum ersten Mal im Freundeskreis meines Partners auftauchte. Aber im Gesamten ist das Echo sehr positiv. Ich bin ein gern gesehener Gast und viele sind erstaunt darüber, dass mein Freund nun eine so selbstbewusste, kühne und energische Freundin hat. Ich bin wohl genau das Gegenteil seiner Frau.« *(Stina)*

Aber auch in diesem Fall bestätigt die Ausnahme die Regel. Für andere Zweitfrauen ist gerade ihr Anderssein im Vergleich zur Ex-Frau ein Problempunkt im Verhältnis zur Familie und zu den Freunden des Partners. Wenn sie sich in ihrer Person und ihrer Art und Weise wie ein Fremdkörper im sozialen System des Partners fühlt, ist eine Integration sehr erschwert. Die Abgrenzung zur Ex-Frau ist in diesen Fällen kein positiv verbindendes Element, sondern ein Distanz schaffender Faktor. Für Kim entsteht daraus das verunsichernde Gefühl, dass hinter der ihr entgegengebrachten Höflichkeit doch eher eine versteckte Ablehnung steckt.

»Im Verwandtenkreis meines Partners fühle ich mich als Zweitfrau nicht besonders wohl. Er stammt aus einem kleinen Dorf und die Familie ist immer noch sehr konservativ eingestellt. Dass wir nicht verheiratet sind, dass ich keine Kinder habe, dass ich Wienerin bin (war die Ex nicht), dass ich so viel jünger bin als er (Ex war nur fünf Jahre jünger), dass ich den Haushalt nicht allein erledige und nicht gut kochen kann (Ex ist Handarbeits- und Kochlehrerin), dass ich im Gegensatz zur Ex nicht katholisch bin – das sind eben alles Gründe, mir die Ex vorzuziehen. Wir haben zwar wenig Kontakt mit der Familie meines Freundes und dann sind sie immer recht nett zu mir, aber es gibt mir doch jedes Mal einen Stich, wenn von früher und von *ihr* gesprochen wird.« *(Kim)*

Kim schneidet hier einen ganz wichtigen Aspekt im Verhältnis zwischen Zweitfrau und Familie sowie Freunden des Partners an. Durch Familie und Freunde wird immer wieder die Vergangenheit des Gebrauchten Mannes mit seiner Ex-Frau neu belebt. Jedes »Weißt du noch, wie wir damals ...?« ist ein Rückgriff auf alte Zeiten, in denen der Partner und seine Ex-Frau noch ein Paar waren. Vielleicht ist es sogar ein Rückgriff auf Zeiten, in denen sie sich gut verstanden haben, in denen es Spaß, Verliebtheit und Glück gab. Auch wenn es jeder Zweitfrau klar ist, dass die ehemalige Partnerschaft des Mannes nicht nur ein Martyrium sein konnte, ist die Auseinandersetzung mit dem alten Glück nicht leicht zu verdauen.

Besonders problematisch erscheint die Konfrontation mit der Vergangenheit dann, wenn sie bildlich dokumentiert ist und vielleicht sogar, jedweder Scheidung zum Trotz, als Foto über dem Sofa der Schwiegereltern hängt. Wenn die Eltern des Gebrauchten Mannes bildlich am vergangenen Ehe- und Kinderglück festhalten, liegt darin vielfach eine Kränkung für die neue Partnerin. Sie empfindet das als bewusste Demonstration und als Dokumentation der Nichtakzeptanz der neuen Tatsachen. Meist können die Zweitfrauen selbst nicht offen darüber sprechen, erwarten aber insgeheim, dass der Partner mit seinen Eltern darüber redet. Auch für Barbi ist das Familienfoto eine schwer verdauliche Kost.

> »Wenn wir mit dem Baby dort zu Besuch waren, saß ich beim Stillen im Wohnzimmer, wo ich auf ein großes Familienfoto gucken musste, wo mein Mann mit Ex-Frau und Kind und seine Schwestern und sein Bruder mit Kindern zu sehen waren. Ich fühlte mich angegriffen dadurch und sagte aber nichts. Ich hätte mir gewünscht, dass mein Mann mal Klartext mit seiner Mutter spricht, er konnte es aber nicht.« *(Barbi)*

Oft wird es nicht offen ausgesprochen, aber viele Zweitfrauen erwarten oder erhoffen zumindest, dass die Scheidung von der Ex-Frau nicht nur für den Partner, sondern auch für sein ganzes Umfeld gilt. Aber das ist in der Realität nicht immer der Fall. Vielen Eltern und Geschwistern des Gebrauchten Mannes liegt sehr viel daran, die Kontakte zur Ex-Frau weiter aufrechtzuerhalten. Sie mögen sie weiterhin und manche unterstützen die Schwiegertochter sogar dabei, ein neues Leben aufzubauen. Dies zu akzeptieren fällt vielen Zweitfrauen schwer. Gerade in den Anfangsphasen einer Secondhand-Beziehung, in denen der Wunsch nach Exklusivität in der Beziehung und nach klaren Grenzen und eindeutigen Rollen besonders groß ist, sind Kontinuitäten aus der Vergangenheit eine starke Verunsicherung, vielleicht sogar eine implizite Bedrohung. Auf jeden Fall sind weiter bestehende Kontakte im engeren Familienkreis ein Symbol für ein »Nebeneinander«, das nicht in das Partnerschaftsbild der Zweitfrauen passt, wie Catrin hier deutlich macht.

> »Es ist immer schwer, weil die Eltern von ihm weiterhin die Schwiegertochter in der Familie haben wollten. Sie wurde unterstützt usw. Es gab mir immer das Gefühl, die ›Zweitfrau‹ zu sein.« *(Catrin)*

Lassen Sie uns auch an dieser Stelle wieder einen Perspektivenwechsel vornehmen.

Für das familiale Umfeld des Gebrauchten Mannes ist dessen Scheidung oder Trennung mit Sicherheit ein ebenso schwer wiegender Einschnitt. Seine Elterngeneration (und die seiner Partnerin) orientiert sich noch viel stärker am Kernfamilienmodell und an der lebenslangen Ehe. Mit der Scheidung von Sohn und Schwiegertochter zerbricht vielfach ein Stück »heile Welt« für sie. Es ist nicht nur für die Geschiedenen, sondern auch für enge Verwandte und Freunde eine schwierige, aber notwendige Aufgabe, die Trennung emotional zu verarbeiten und neue familiale Strukturen in die eigenen Lebensvorstellungen zu integrieren.

Für die Eltern des Gebrauchten Mannes stellt sich, wenn dieser auch Vater ist, dabei auch die Frage, ob und wie sie ihre Großelternrolle weiter wahrnehmen können. Die Rolle eines Großvaters oder einer Großmutter kann in den späteren Lebensabschnitten für diese von großer Bedeutung sein und eine identitätsstiftende Funktion haben. Ebenso ist für Kinder neben einer über die Scheidung hinaus funktionierenden Elternebene auch ein ungetrübtes Verhältnis zu den Großeltern sehr wichtig. Beides kann jedoch nur erfolgreich gelebt werden, wenn die Mutter der Kinder, also die Schwiegertochter und Ex-Frau des Gebrauchten Mannes, weiterhin einen Platz im Familiensystem behält. Dies zu akzeptieren ist schwer – auch oder besonders für die neue Partnerin des Gebrauchten Mannes.

Aber auch die anderen beteiligten Verwandten und Freunde sind permanenten Verunsicherungen im Umgang mit Ex-Frau und Zweitfrau ausgesetzt. Es fehlt ihnen an Modellen und gelungenen Beispielen, wie sie mit der »Erst- und Zweitbesetzung« umgehen sollen. Manchmal retten sie sich ohne böse Absicht in ein Schwarz-Weiß-Denken mit Kontaktabbruch, die einfachste oder auch die einzige Rettung im Durcheinander der Beziehungen. Dabei kann es sein, dass nicht die Ex-Frau, sondern die Zweitfrau tatsächlich den

»schwarzen Peter« zieht und von der Familie und den Freunden des Partners zum Sündenbock deklariert wird: die Zweite als Trennungsgrund – die Zweite ist schuld daran, dass er sich getrennt hat. Daraus entwickelt sich schnell eine Situation, in der sich die Fronten sehr verhärten. Dies kann bis zum Kontaktabbruch zwischen dem Gebrauchten Mann und seinen Eltern gehen – ob aus eigener Überzeugung oder aus Loyalitätsbekundung der Zweitfrau gegenüber, bleibt dahingestellt.

Dies wird sich langfristig auch in Inkas Partnerschaft noch erweisen müssen:

> »Die Mutter meines Lebensgefährten (sein Vater verhält sich neutral) mag mich nicht und ist auch nicht bereit, mich zu akzeptieren. Sie hat mir bei einem Besuch den Mund verboten. Und ich habe für mich die Konsequenz daraus gezogen, dass ich ihr Haus nicht mehr betreten werde.
> Mein Partner akzeptiert meine Entscheidung und hält sich da raus, allerdings hat das Verhalten seiner Mutter auch ihm ganz klar gezeigt, dass ich nicht erwünscht bin, und somit hat er für sich die Entscheidung getroffen, vorerst den Kontakt ebenfalls zu reduzieren.« *(Inka)*

Ein Entweder-oder, eine Entscheidung für oder gegen Kontakte zu *ihm* und seiner Zweitfrau oder zu *ihr*, der Ex-Frau, ist eine häufige Begleiterscheinung im Umfeld von Trennungen und Scheidungen. Innerhalb einer Familie gibt es dabei die größeren Zwänge, Beziehungen in irgendeiner Form oberflächlich aufrechtzuerhalten. Das ist speziell dann der Fall, wenn Kinder vorhanden sind und deren biografische Eckpunkte Anlässe zu familialen Kontakten geben – von der Einschulung über Kommunionen oder Konfirmationen, Schulentlassung, Volljährigkeit bis hin zu Hochzeit und Kindtaufe.

Im Freundschaftssystem sind die Bindungen lockerer und daher anfälliger für Spaltungen. Manchmal sind Kontaktabbruch und Ausgrenzung eine Folge von bewusst eingeforderten Loyalitätsbezeugungen: Wenn ihr mit *der* Kontakt aufnehmt, seid ihr für mich gestorben! Manchmal ist es auch einfach Hilflosigkeit: Was passiert, wenn wir beide zur nächsten Feier einladen? Tatsache ist, dass sich der Freundeskreis nach einer Trennung oder Scheidung drastisch verändert. Aus Sicht der Zweitfrau sieht die Situation dann so aus, wie Catrin sie kurz skizziert.

> »Mein Freund hat all seine so genannten Freunde verloren. Sie hat dafür schon gesorgt, dass sie alle mit ihren Informationen zugeschüttet wurden und die sich dann für sie entschieden. Schade, dass mein Partner nie seine Fassung erzählen durfte. Es war für uns schon nicht einfach, so ganz ohne Freunde dazustehen. Wir haben jetzt wieder einen Freundeskreis!« *(Catrin)*

Es scheint nicht untypisch zu sein, dass sich viele Secondhand-Partnerschaften ohne ein tragbares soziales Netz konstituieren müssen. Das ist eine Bürde, die zur Labilität des Systems Secondhand-Beziehung entscheidend beiträgt. Die Zweitfrau hat dabei aber nicht nur mit den Unsicherheiten im Umfeld des Partners zu kämpfen. Auch seitens der eigenen Familie und der eigenen Freunde sieht sie sich manchmal Unverständnis und Besorgnis ausgesetzt.

Du hättest etwas Besseres verdient ...!

Wie sehr das Kernfamilienmodell und die Wunschvorstellung von einer monogamen, lebenslangen Ehe das Wunschdenken der Menschen auch noch im 21. Jahrhundert prägen, ist schon in verschiedenen Zusammenhängen dieses Buches hervorgehoben worden. Diejenigen, die andere Lebensformen leben, geraten deshalb immer wieder in eine Verteidigungshaltung. Gleichermaßen empfinden sie oft einen Loyalitätsverlust, wenn ihre Entscheidungen nicht auf ungeteilte Zustimmung treffen.

Zweitfrauen sehen sich in diesem Zusammenhang nicht nur mit einer Akzeptanzproblematik im sozialen Netz des Gebrauchten Mannes konfrontiert, sondern oftmals auch mit Vorbehalten aus dem eigenen Familien- oder Freundeskreis. Die möglichen Problematiken in einer Beziehung mit einem getrennt lebenden oder geschiedenen Mann sind vielfach bekannt. Entsprechend werden Zweitfrauen mit besorgten Ratschlägen, gut gemeinten Warnungen und kassandraartigen Prophezeiungen versehen. Aus dem eigenen persönlichen Umfeld kommender, oft deutlich ausgesprochener und auf geschiedene Männer bezogener Argwohn verunsichert die Zweitfrau sehr. So wie Sophie, der die vorbehaltlose Anerkennung ihrer Beziehung fehlt, empfinden Zweitfrauen hier eine Illoyalität, die ihnen wehtut.

> »Was mich jedoch immer wieder beschäftigt, ist die Tatsache, dass teils meine Verwandtschaft und Bekanntschaft sich um mich sorgt. Ob ich mir das wirklich gut überlegt hätte, bevor ich mit diesem ›Occasionsmann‹ eine Beziehung eingegangen sei, ob mich das nicht stört, dass er schon Kinder hat etc. So als ob nur ein ungebrauchter Mann einen guten Mann abgeben kann.« *(Sophie)*

Die Sorge des Umfeldes ist in der Regel mit dem Vorurteil gepaart, dass ein Mann, der seine Frau und vielleicht auch seine Kinder »im Stich gelassen« hat, kein »guter« Mann sein kann. So ein Mann kann aus der Sicht der anderen ja eigentlich nur ein verantwortungsloser »Windhund« sein, so wie Utes Mutter es annimmt:

> »Die Einzigen, die schwere Bedenken wegen des ›Gebraucht‹-Mannes angemeldet haben, waren meine Eltern. Mein Vater hat mir abgeraten (wegen der Unterhaltszahlungen und was da sonst noch alles kommen kann), meine Mutter hat gemeint, mein Freund sei ein Windhund, der seine Familie mit so einem kleinen Kind im Stich lässt, und im Übrigen sollte ich auch mal

an meinen Sohn denken, der sich natürlich mit Händen und Füßen gegen einen Umzug und gegen meinen ›neuen Lover‹ gewehrt hat.« *(Ute)*

Die Bedenken der Umgebung steigern sich noch wesentlich, wenn es sich – wie in einigen der hier zusammengetragenen Secondhand-Beziehungen – um Partnerschaften mit einem größeren Altersunterschied handelt. Gerade in solchen Konstellationen verändert eine Beziehung mit einem Gebrauchten Mann mit Vaterpflichten den normativ erwarteten Lebensablauf junger Frauen entscheidend. Die Anforderungen, die an Frauen in solchen Beziehungen gestellt werden, erfordern Quantensprünge in der Persönlichkeitsentwicklung und im Lebensalltag. Das empfinden diese nicht nur selbst manchmal als Überforderung, es zeigt auch Wirkungen nach außen. Einige Zweitfrauen bekommen aus ihrem Umfeld von »guten Freundinnen« unter Umständen die Rückmeldung, ein ihrer Lebenssituation nicht adäquates Leben gelebt und ihre Zeit sinnlos vertan zu haben.

Für Anitas Selbstwertgefühl als Zweitfrau sind die Äußerungen der Freundin mit Sicherheit nicht konstruktiv:

»... du schreibst, du hättest dir deine Jugend lieber unbeschwert um die Ohren schlagen sollen. Mir geht es ähnlich! Eine Freundin sagte einmal zu mir: ›Du hast in den letzten Jahren ein Leben gelebt, das du eigentlich erst jetzt mit 30 Jahren beginnen solltest!‹ Und das stimmt ...« *(Anita)*

Aber auch die Gebrauchten Männer leiden unter den Vorurteilen, die ihnen gegenüber vorgebracht werden. Auch sie müssen sich mit Vorbehalten und Vorurteilen aus dem persönlichen Umfeld auseinander setzen. Paul schildert plastisch, wie manch ein Außenstehender eine Beziehung zu einem Mann »aus zweiter Hand« einschätzt:

»Ich habe endlich eine angehende ›Zweitfrau‹. Wie es ihr geht, kann ich dir sagen: Sie muss sich ständig von ›guten Freunden‹ sagen lassen, dass sie verrückt ist, sich mit einem Mann einzulassen, der noch nicht geschieden ist, der sowieso irgendwann zu Frau und Kind zurückkehren wird und, falls er das doch nicht tun sollte, jahrzehntelang viel, viel Geld für den Unterhalt aufbringen muss – er sich also im Job den A... aufreißen muss, die Lorbeeren aber erntet die Ex. Ich habe einen sehr guten Job, arbeite 12 bis 16 Stunden pro Tag, teilweise auch am Wochenende, bin tagelang unterwegs, aber dafür, dass ich bis zur Trennung 13 Monate verheiratet war, werde ich in absehbarer Zeit mit einen Einkommen nach Hause kommen, welches weder ein komfortables Leben noch Rücklagen und schon gar nicht die Gründung einer neuen Familie erlaubt – ich verstehe nicht, wie sich eine ›Zweitfrau‹ überhaupt auf so was einlassen kann.« *(Paul)*

Die Hypothek, eine stabile Secondhand-Beziehung gegen die Skepsis des engen sozialen Umfeldes aufbauen zu müssen, trifft also beide Partner. Dass es dennoch funktionieren kann, muss nicht nur sich selbst, sondern auch anderen bewiesen werden. Die Hindernisse sind vielfältig und Paul verweist mit seinem Beitrag noch auf die Themen des nächsten Kapitels: auf die sich in Secondhand-Partnerschaften häufig zwangsläufig ergebenden Einschränkungen der Lebensplanung.

✎

Von »lieben Verwandten« und »guten Freunden«?

- ✗ Wie fühlen Sie sich in Ihrer Rolle als Zweitfrau im Familienkreis Ihres Partners?
- ✗ Gibt es in diesem Zusammenhang erfreuliche oder negative Begebenheiten?
- ✗ Wie sind Sie im Freundeskreis des Partners aufgenommen worden?
- ✗ Wie hat Ihr eigener Verwandten- und Bekanntenkreis auf die Tatsache reagiert, dass Sie eine Lebensgemeinschaft/Ehe mit einem Gebrauchten Mann eingehen?

Einschränkungen der Lebensplanung

5

Jede beginnende Partnerschaft ist eigentlich ein auf die Zukunft ausgerichtetes Unternehmen. Die Zukunftsorientierung ist ja schon im Kapitel »Vom Wir, vom Er und vom Ich«, S. 109 ff., als eine wichtige Entwicklungsaufgabe in jeder Form von auf Dauer angelegter Partnerschaft beschrieben worden. Sie trägt zur Festigung der Paaridentität bei. Die zukunftsorientierte Lebensplanung der Zweitfrau und des Gebrauchten Mannes ist in vielen kurz- und langfristigen Bereichen Einschränkungen unterworfen. Als ein besonderes Handikap erleben Zweitfrauen diese Einschränkungen bei eigentlich ganz »normalen« Entscheidungen wie zum Beispiel finanziellen Planungen (vgl. S. 142 ff.), bei der terminlichen Alltagskoordination (vgl. S. 148 ff.), aber auch bei langfristigen Lebensperspektiven, wie zum Beispiel ihrem Kinderwunsch (vgl. S. 153 ff.).

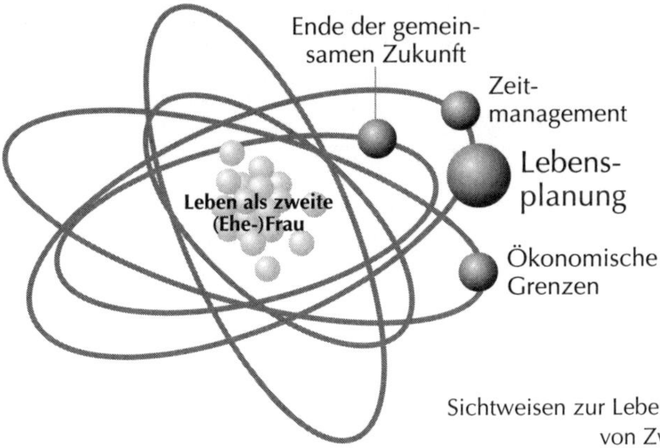

Abb. 8:
Sichtweisen zur Lebensplanung von Zweitfrauen

Alle drei Bereiche können immer dann nicht losgelöst von der Vergangenheit des Partners gelebt und geplant werden, wenn dieser Verpflichtungen gegenüber seiner Ex-Frau und/oder seinen Kindern hat. Für die Zweitfrau ergeben sich dabei oftmals Situationen, in denen sie selbst keinen Einfluss auf die zur Klärung anstehenden Fragen hat und Entscheidungen über ihren Kopf hinweg oder entgegen ihren eigentlichen Bedürfnisse getroffen werden oder zwangsläufig getroffen werden müssen. Sie fühlt sich dann ohnmächtig.

Luzie kommentiert diese systembedingte Unkalkulierbarkeit und Unbeeinflussbarkeit ihrer Situation als Zweitfrau resigniert so:

> »Manche Zweitfrauen erleben mit ihrem Mann Geschichten, die sind irrer als jede Soap-opera im Fernsehen.« *(Luzie)*

Die ökonomischen Grenzen der gemeinsamen Zukunft

Der finanzielle Spielraum von Folgefamilien ist oft durch die Unterhaltsverpflichtungen stark eingeschränkt. In nicht wenigen Fällen bleiben dem unterhaltspflichtigen Mann selbst nur noch Beträge in Höhe des Selbstbehaltes, der das Sozialhilfeniveau oft nicht übersteigt. Auch wenn es sich um die Unterhaltsforderungen handelt, die rechtlich nur den Partner betreffen, fühlt sich die Zweitfrau in praktischer und in emotionaler Weise betroffen.

Abhängig von der tatsächlich zu leistenden Zahlungssumme werden die finanziellen Verpflichtungen mehr oder weniger belastend empfunden. Der Kindesunterhalt wird in der Regel von allen Beteiligten als notwendiger und gerechtfertigter Anspruch angesehen. Er wird meist erst dann in Frage gestellt, wenn dieser sich durch zu lange Ausbildungszeiten in das Erwachsenenalter der Kinder hineinzieht. Es ist vor allem der Ehegattenunterhalt, der oftmals nicht als gerechtfertigter Anspruch, sondern als Schikane angesehen wird. Dies besonders dann, wenn die Ex-Frauen nicht mehr für kleine Kinder zu sorgen haben und – aus Sicht der Zweitfrau – theoretisch wenigstens zeitweise eine Arbeitsmöglichkeit gegeben wäre.

Die Meinungen zu unterhaltsrechtlichen Fragen werden an diesem Punkt sehr emotional und polemisch: Gebrauchte Männer bezeichnen ihre Ex-Frauen als »Parasiten«, Zweitfrauen stehen auf dem Standpunkt, dass die erste Ehe keine »Lebensversicherung« sein darf. Wie Trude sehen viele im Verhalten mancher Ex-Frau eine bewusste Form der Zerstörung des neuen Glücks des Mannes mit allen Mitteln, deren wirksamste Waffen dabei finanzielle Forderungen und »Machtspielchen« um die Kinder sind.

> »Was ich mittlerweile gelernt habe: Eine Ex-Frau darf dem Ex-Mann ungestraft das Leben zur Hölle machen, den Umgang mit dem Kind boykottieren, ihn in den finanziellen Ruin treiben, es wird sogar noch vom Staat mit der Prozesskostenhilfe subventioniert.« *(Trude)*

Hilflosigkeit und Wut sind in Trudes Worten erkennbar. Dabei wäre die finanzielle Belastung für viele Betroffene tragbar, wenn ein sicheres Ende absehbar wäre. Genau in diesem Punkt liegt die enorme emotionale Belastung der Folgefamilien. Die deutsche Rechtsprechung macht es aber vielen Folgefamilien unmöglich, ein definitives Ende der Verpflichtungen zum Ehegattenunterhalt in ihre Lebensplanung einzubeziehen. Zudem sind Abänderungsklagen routinemäßig in bestimmten Zeitabständen oder auch bei Veränderung der Lebenssituation jederzeit möglich, sodass auch hierdurch langfristige finanzielle Planungen zu einem unkalkulierbaren Roulettspiel werden können. Die finanzielle Versorgung der Ex-Frau hängt nicht nur bei Pamela wie ein Damoklesschwert über der Beziehung.

> »Was mir viel mehr Sorgen macht, ist die Tatsache, dass sie keine Frau ist, die anpackt, sondern sich eher aussorgen und versorgen lässt. (...) jetzt schult sie um ... und ich bin gespannt, ob sie dann in zwei Jahren für sich selber sorgen kann oder ob die Abhängigkeitskette so weitergeht.« *(Pamela)*

Es sind aber nicht die Zahlungen allein, die als Problem angesehen werden. Unterhaltsprozesse erfordern auch immer wieder erneut ein Offenlegen der finanziellen Verhältnisse und Lebensumstände der Folgefamilie. Damit werden nicht nur dem Gericht, sondern auch der Ex-Frau Einblicke in das Beziehungsleben gegeben. Das wird als immer wiederkehrende Grenzverletzung betrachtet – die Privatheit einer Partnerschaft ist nicht mehr garantiert.

Die Konsequenz von lang zu erwartenden Unterhaltsverpflichtungen liegt meist darin, dass viele Zweitfrauen sich gezwungen sehen, selbst das Familieneinkommen dauerhaft zu sichern, um einen angemessenen Lebensstandard halten zu können. Wider allen emanzipatorischen Gedanken empfinden viele Zweitfrauen diese ökonomische Verantwortung als fast unzumutbare Belastung. Es mischen sich Gefühle hinzu, mit ihrem persönlichen Einkommen indirekt die Ex-Frau mitzufinanzieren. Das ist etwas, was Zweitfrauen nun wirklich in gar keinem Fall wollen. Außerdem gewinnen viele Zweitfrauen den subjektiven Eindruck, dass sie persönlich und ihre Folgebeziehung sich selbst weniger leisten können als die Ex-Frau beziehungsweise die Ex-Familie. Eifersucht, Neid und Misstrauen kommen unwillkürlich auf, wenn es, unabhängig von den objektiven Fakten, den Anschein hat, dass der eigene Schuldenberg oder das Maß an Verzicht immer größer wird, während sich auf der anderen Seite die Ex-Familie offenbar das Auto, den Urlaub und teure Markenkleidung leisten kann. Verbitterung kommt auf, wenn Zweitfrauen erleben müssen, dass sie in wirtschaftlichen Aspekten tatsächlich auch von staatlicher Seite in die zweite Reihe gedrängt werden.

Für Kim ist besonders die langfristige Perspektive ein Punkt, der Unverständnis und Unzufriedenheit auslöst.

> »Dass aber die Kinder meines Partners aus seiner früheren Ehe Reit- und Musikunterricht nehmen können und auf Urlaub fahren, während meine wahrscheinlich in einem Secondhand-Shop Kleider kaufen müssten, ist dem Gesetzgeber völlig egal. Es ist mir schon klar, dass die Gesetze nicht leicht geändert werden können, ohne die früheren Kinder zu benachteiligen. Aber es gibt so viel andere Wege, wie man Zweitfamilien eine bessere Existenz ermöglichen könnte. Es ist zum Beispiel unfair, dass die Alimente nicht vom Gehalt abgezogen werden, wenn man sich für Förderungen (Wohnen, Familienbeihilfe, Kindergarten ...) bewirbt. Und dass seine Kinder das Recht haben zu studieren, obwohl er sehr wenig Geld hat und sie sicher nicht so einfach studieren könnten, wenn die Familie noch bestehen würde, finde ich auch nicht gerecht. Warum endet die Pflicht, Unterhalt zu bezahlen, nicht mit der Volljährigkeit? Dann müssen sich die erwachsenen Kinder eben ihr Studium verdienen! Das tun viele andere ja auch!« *(Kim)*

An der unkalkulierbaren ökonomischen Basis der Secondhand-Partnerschaft hängt aber mehr als die Unzufriedenheit über die monatlichen Schecks an die Ex-Familie. Es drohen ganze Lebensträume daran zu zerbrechen. Solche Lebensträume können das eigene Haus sein, eigene Kinder oder der Wunsch nach privaten oder beruflichen Entwicklungs- und Veränderungsmöglichkeiten in späteren Lebensjahren (vgl. Kapitel »Das Ende der Zukunft?«, S. 153 ff.). Die Vorstellung, alle Träume von einem anderen, einem sorgloseren Leben wegen der Vergangenheit des Gebrauchten Mannes nicht umsetzen zu können, macht verdrossen und wütend. Hier ist bei vielen Zweitfrauen wieder die Ohnmacht zu spüren, das eigene Leben nicht selbst bestimmen zu können. Céline empfindet ihre Situation schon fast als »Freiheitsberaubung«, wie sie es beschreibt.

»Wie bereits oben angesprochen, wird unser Leben natürlich vor allem in finanzieller Hinsicht durch seine erste Ehe ganz massiv belastet. Würde seine Ex arbeiten und ihren Lebensunterhalt zumindest teilweise selbst verdienen, könnte ich zum Beispiel im Theater arbeiten, wie ich es mir immer gewünscht habe. Aber im Theater wird zu wenig bezahlt; da wir aber nur knapp mit dem überleben können, was uns in unseren momentanen Jobs bleibt, habe ich diese Freiheit nicht. Auch mein Mann würde sich beruflich gerne von der EDV abwenden, um etwas Kreativeres zu machen. Aber er darf ja gar nicht weniger verdienen, weil er sich sonst strafbar machen würde!« *(Céline)*

Die ökonomischen Belastungen führen in vielen Secondhand-Beziehungen zu Resignation und daraus können sich wiederum leicht Sollbruchstellen der Partnerschaft ergeben. Der »Trotz« wird in manchen Familien und für manche neue Partnerin zum Überlebensmotor. Das kann sehr verbindend wirken, denn auch ohne die offizielle traditionelle Trauformel sind Zweitfrau und Gebrauchter Mann sich meist einig, »in guten und in schlechten Zeiten« zusammenhalten zu wollen. Die Hoffnung auf gute Jahre bleibt, auch wenn es eine ängstliche Hoffnung ist wie bei Conny.

»Als Familie leben wir im ›Hier und Jetzt‹ – Tag für Tag sind wir dankbar für das, was wir haben. Wir haben uns, sind gesund und haben Arbeit. Dies kann sich schon morgen ändern und uns vor fast unlösbare Probleme stellen.

Wir planen nicht in die Zukunft oder denken darüber nach – sicherlich haben wir eine Zukunft – jedoch nicht dieselbe, wie sie in so genannten ›Normalfamilien‹ geplant wird. Wir können nicht auf ein eigenes Haus sparen oder gar eines bauen oder eine Eigentumswohnung kaufen. Wir planen nicht den Urlaub fürs nächste Jahr oder den Einkaufsbummel oder den Zweitwagen. Wir denken allerdings auch nicht darüber nach, was wird, wenn unser Auto den Dienst versagt, denn wir wissen es nicht. Wir wissen auch nicht, ob wir es finanziell verkraften, dass ich nach der Geburt unseres Kindes ein Jahr zu Hause bleibe.

Wir suchen spontan nach Lösungen – wir leben der ›Zweitfamilienproblematik‹ zum Trotz. Wir sind zwei kreative Menschen, aber auch auf die Hilfe anderer angewiesen – und da schleichen sich so manche Ängste ein.« *(Conny)*

Können Sie das Conny nachempfinden? Sie steht mit ihren Ängsten nicht allein da.

Lassen Sie uns wieder einen Blick auf die Sichtweise der Secondhand-Partner werfen. Auch wenn viele Gebrauchte Männer dies nicht explizit benennen, sind die finanziellen Scheidungsfolgen häufig für sie selbst eine enorme psychische Belastung. Da die finanziellen Verpflichtungen oft zum Tabuthemenbereich gehören und immer Zündstoff in der Secondhand-Beziehung darstellen, äußern sich die Gebrauchten Männer nur selten öffentlich dazu. Hohe, nicht absehbare Unterhaltungszahlungen sind wie eine Bankrotterklärung nach einem verlorenen Krieg und werden von den Männern lieber nicht nach außen getragen. Das steht ganz im Gegensatz zum Bedürfnis der Zweitfrauen, sich durch Gespräche »Luft machen zu können«. Dennoch fühlen auch die Männer dieses Gefühl der belastenden Ohnmacht, wie es hier beispielhaft von Jürgen aus der Sicht eines Mannes beschrieben wird.

»Zwischen mir und meiner Ex gibt es bisher nur eine privatschriftliche, nicht notarielle Vereinbarung aus Juni 95, in der ich mich zur Zahlung von 2 000,– [DM] an meine Ex verpflichtete, für mich wäre dann in Steuerklasse I kaum der kleine Selbstbehalt drin. Ich habe das seinerzeit gemacht, weil meine Ex versprochen hatte, wieder halbtags zu arbeiten, wenn meine Tochter in den Kindergarten geht (7.00 – 13.00 Uhr). Jetzt kommt meine Tochter in die Schule und meine Ex arbeitet immer noch nicht, [die] Möglichkeit der Kernzeitbetreuung für meine Tochter [wäre] gegeben. Seit geraumer Zeit zahle ich nur noch 1 140,– [DM] für meine Ex, gerichtlich will sie jetzt aber obige privatschriftliche Vereinbarung wieder zu Recht erklären lassen. Überflüssig zu erwähnen, dass ich eine Zweitfamilie und ein Kind habe und dem psychischen Druck nicht mehr gewachsen bin. Dass ich meine Arbeitsstelle noch habe, ist nur der Tatsache zuzuschreiben, dass ich im öffentlichen Dienst bin. Die Einnahme der Antidepressiva ist immer etwas problematisch. Mir ist nicht nachvollziehbar, dass meine Ex nicht zur Halbtagestätigkeit verpflichtet werden kann und ich die gegenwärtige allgemeine Arbeitslosigkeit doppelt finanziere (vorausgesetzt, meine Ex bemüht sich überhaupt, etwas zu finden, wie sie seit drei Jahren behauptet!).« *(Jürgen)*

Inwieweit Jürgens extreme Situation eine Ausnahme darstellt, ist schwer zu sagen. Über Sichtweisen von geschiedenen Männern in neuen Partnerschaften gibt es kaum wissenschaftliche Untersuchungen und wenig Motivation der Betroffenen, sich dazu zu äußern. Aber neben den finanziellen Rahmenbedingungen zeigen sich weitere Einschränkungen, die das Alltagsleben prägen und die für die Zweitfrauen zur Nervenprobe werden.

Die Grenzen des Zeitmanagements

In allen Folgebeziehungen, in denen der Partner seine Vaterrolle wahrnehmen kann, stellen die Besuchszeiten der Kinder – leider – immer eine Ausnahmesituation dar. Die Regeln, nach denen die Secondhand-Beziehung oder die neue Folgefamilie im Alltag lebt, sind zu diesen Terminen außer Kraft gesetzt. Es müssen dann neue Formen der Gemeinsamkeit gefunden werden, die ein Miteinander von neuen und alten Strukturen erlauben. Welche Probleme sich während der Besuchswochenenden für die Zweitfrau ergeben können, haben schon die Beispiele in den ersten beiden Abschnitten des Kapitels 3 gezeigt. Die Besuchszeiten und ihre Stresspotenziale werfen aber ihre Schatten weit voraus. Schon die Terminplanung scheint in vielen Fällen ein Roulettespiel zu sein, das nicht nur den Gesetzen des Zufalls gehorcht, sondern auf lange Sicht mehr Verluste als Gewinne einbringt.

Sind die Kinder noch klein, werden die Terminabsprachen in der Regel mit der Mutter getroffen – bei größeren Kindern mit ihnen selbst. In jedem Fall müssen aber praktisch alle Termine und Planungen für Wochenenden, Feiertage oder Urlaube mit der Ex-Familie abgesprochen werden. Das Leben der Secondhand-Beziehung wird dadurch wie auch bei den Finanzen außerhalb der internen Grenzen transparent.

Für die Secondhand-Partnerschaft resultiert ein weiterer Knackpunkt daraus, dass die Erwachsenen ihre Spontanität sehr beschnitten sehen. Einladungen können zum Beispiel nicht mehr ad hoc angenommen werden. Immer ist erst zu klären, ob nicht die Kinder da sind, wie Inka es hier beschreibt.

> »Schon bei der Planung der Wochenendtermine gibt es manchmal Probleme. Wir können bei manchen Verabredungen nicht spontan zusagen. Unser Standardsatz lautet immer wieder: Wir müssen erst sehen, ob wir an den Wochenenden die Kinder haben.« *(Inka)*

Dass der Freiheitsspielraum bei eigenen Kindern gleichermaßen eingeschränkt wäre und die Spontanität ebenso Federn lassen müsste, erscheint »normal«. Aber in Secondhand-Beziehungen sind es eben oft nicht die eigenen Kinder, die diese Koordinierungsmaßnahmen erfordern – es sind die Kinder der Vergangenheit. So gehören auch die Urlaubszeiten zu den kritischen Planungsfaktoren. Es müssen nicht selten mindestens drei Terminvorstellungen unter einen Hut gebracht und zusätzlich auch noch in die jeweiligen beruflichen Kontexte eingepasst werden. Das bereitet manchmal große Abstimmungsprobleme, besonders dann, wenn die Absprachen zwischen den Eltern nur mit Hindernissen getroffen werden können.

Aber für die Zweitfrauen bedeuten die Urlaube noch ein zusätzliches Problem. Viele Zweitfrauen möchten gerne mit ihrem Partner Urlaube als *Paar* machen, ohne Kinder. Das Urlaubskontingent ist jedoch in den meisten Fällen kleiner als die Ferienzeit der Kinder. So ist Urlaub in der Regel Urlaub mit *seinen* Kindern. Das bedeutet eine Verlängerung des »Ausnahmezustandes«, bei dem die Zweitfrau oftmals zwischen dem Jetzt und seiner Vergangenheit steht und sich deplatziert fühlt. Das *Wir* der Pa(a)rtnerschaft wird stark eingeschränkt, wenn die Urlaubszeiten vom *Er* und *seiner* Vergangenheit dominiert werden.

Es ist aber nicht nur das zeitliche Ausmaß, das Zweitfamilien die terminliche Alltagsplanung so kritisch erleben lässt. Es ist vor allem die Form, in der Absprachen getroffen und dann häufig immer wieder verworfen werden: Wochenenden oder fixe Zeitpunkte werden spontan umgelegt oder abgesagt. Oft wird den Verursachern der Änderungen dabei auch eine böse Absicht unterstellt, das Leben des Vaters mit der neuen Partnerin bewusst durcheinander bringen zu wollen. Es drängt sich der Eindruck auf, mit den kurzfristigen Änderungswünschen soll immer noch Macht auf den Ex-Ehemann ausgeübt werden. Vielen Zweitfrauen stellt sich die Frage, ob es sich bei andauernden Terminveränderungen um die chaotische Planlosigkeit oder um ein geplantes Chaos handelt. Wenn von Seiten der Ex-Familie Planungen unterlaufen werden, wird so in den Zweitfrauen wiederum das Gefühl der Fremdbestimmung, der Ohnmacht genährt.

Die erwartete Flexibilität, die für solch kurzfristige und unkonventionelle Terminverlegungen in der Secondhand-Beziehung notwendig wäre, trifft zunächst auf leisen, mit häufigerem Auftreten aber verstärkten Widerstand seitens der Zweitfrauen. Schon im Kapitel »Von Partner-Vätern und Väter-Partnern«, S. 76 ff., ist deutlich geworden, dass viele Zweitfrauen ihren Männern vorwerfen, »um der Kinder willen« zu kompromissbereit zu sein, sich manchmal sogar zum Spielball der Ex-Frau zu machen. Festgemacht wird dieser Vorwurf sehr oft an den Reaktionen des Gebrauchten Mannes bei unverbindlichen oder spontanen Terminabsprachen.

Bigis Äußerung zeigt, wie sehr sie sich in ihrer Person als Lebensgefährtin gekränkt und in ihren Wünschen und Bedürfnissen immer wieder überfahren fühlt.

> »Ein Anruf der Ex und/oder der Kinder genügte, um unsere Pläne und Abmachungen über den Haufen zu werfen. Ich fühlte mich daher wie das berühmte fünfte Rad am Wagen. Seine Verabredungen mit Ex und/oder Kindern schienen nahezu ›in Stein gemeißelt‹ zu sein. Unsere dagegen bei Regen mit Kreide auf die Straße geschrieben ... Er fühlte sich noch absolut verantwortlich – getrieben aus einer hochexplosiven Mixtur aus schlechtem Gewissen, falsch verstandenen Schuldgefühlen und einem vor allem mir total unverständlichen, sehr einseitigen Verantwortungsgefühl. Währenddessen er für mich, für uns nicht einmal im Ansatz ähnliche Gefühle aufbrachte.«
>
> *(Bigi)*

Allerdings erkennt auch Bigi, wie viele Zweitfrauen, dass es sich beim Verhalten des Gebrauchten Mannes nicht um eine bewusste Kränkung handelt. Sie kann allerdings nicht nachvollziehen, dass die Väter/Partner meist aufgrund ihres schlechten Gewissens den Kindern gegenüber oder weil sie sich von der Ex-Frau unter Druck gesetzt fühlen, so reagieren. Sie wollen keinen Anlass zur Kritik im Hinblick auf das vielleicht wackelige Umgangsrecht geben, sehen sich dazu gezwungen, sich »flexibel« zu verhalten. Für viele Zweitfrauen ist es ein eindeutiger Loyalitätsbruch, wenn der Partner die Zeiteinteilung primär an den Möglichkeiten der Kinderkontakte ausrichtet und sie vor vollendete Tatsachen stellt – unabhängig davon, ob er dies nun aus Hilflosigkeit oder aus Überzeugung so entscheidet, wie hier Lores Partner:

»Mein Problem ist, dass er nie entschieden sagen kann, wenn sein Sohn sich zum Beispiel am Samstagmittag ganz spontan entscheidet, doch zu kommen: ›Hör mal, ich hab heute Abend schon was vor und möchte das Wochenende mit Lore verbringen.‹ Die Absprachen zwischen ihm und seinem Sohn sind immer sehr kurzfristig und spontan und für mich nie verbindlich. Wenn ich mit ihm darüber rede, hat er kein Verständnis und meint, damit müsste ich leben, die Entwicklung seines Sohnes sei ihm wichtig.« *(Lore)*

Terminliche Absprachen zwischen dem Vater/Partner und seinen Kindern, die weder kalkulierbar, also langfristig planbar, noch in einer bestimmten Regelmäßigkeit ablaufen, belasten somit das Partnerschaftsverhältnis sehr. Sie sind ein Punkt, der seitens der Zweitfrauen schnell zur Unzufriedenheit führt und der in einen alltäglichen Kleinkrieg zwischen Zweitfrau, Gebrauchtem Mann und seiner Ex-Familie ausufern kann. Doch was ist zu tun, wenn die Ex-Frau immer wieder freitags anruft und den Sohn am Wochenende bringen will, obwohl die Zweitfrau und ihr Partner einen spontanen Wochenendtrip geplant hatten?

Wichtig erscheinen zwei Aspekte: eine funktionierende Kommunikation auf der Elternebene einerseits, andererseits aber auch ein Gebrauchter Mann, der die Grenzen seiner Flexibilität deutlich absteckt und seiner Pa(a)rtnerschaft einen eindeutigen Stellenwert zubilligt – und dies nach außen auch selbstbewusst dokumentiert.

Gotthilf beschreibt, wie die Frage der Besuchstermine, unter der auch seine Zweitfrau gelitten hat, in einer Mediation neu ausgehandelt wurde und seitdem erfolgreich praktiziert wird.

»Wichtig war vor allem, gewisse Spielregeln einzuhalten. Dazu gehört auch, dass man konstruktiv über die Probleme redet und den Partner nicht in die Defensive treibt. Wir begannen dann, die Besuchstage mit meiner Ex schriftlich zu vereinbaren und diese auch als weitgehend verbindlich zu betrachten. Wir hatten damit – verglichen mit Überraschungsanrufen (dagegen hilft nur eine Geheimnummer) kurz vor dem Besuchstag, ob es zum Beispiel ›nicht auch am übernächsten Wochenende ginge‹ – mehr Zeit zur Verfügung, diese mit unserer Planung abzustimmen. Die daraus resultierenden Konfliktmöglichkeiten wurden dadurch stark reduziert. Auch macht es mit Rücksicht auf die Zweitfamilie keinerlei Sinn, die Rolle des allzeit bereiten ›Babysitters‹ zu übernehmen. Dies ist ganz klar nicht unsere Aufgabe.« *(Gotthilf)*

Gelingen solche konstruktiven Lösungen nicht, dann bleibt häufig das Gefühl, auf einer »Zeitbombe« zu sitzen. Für Zweitfrauen tickt sie in finanziellen und terminlichen Fragen deutlich hörbar. Ob und wann sie explodiert, ist nie sicher – sie stellt eine unkalkulierbare Gefahr für die Secondhand-Partnerschaft dar.

Das Ende der Zukunft?

In den letzten Kapiteln ist deutlich geworden, dass Lebensplanung in Secondhand-Beziehungen sich an anderen Rahmenbedingungen orientieren muss als in Partnerschaften, denen keine Scheidung oder Elternschaft vorausgegangen ist. Die Möglichkeiten, die in einer zweiten Beziehung realisierbar erscheinen, zeigen dabei ein deutliches Kollisionspotenzial mit den Zukunftsorientierungen der Zweitfrauen. Diese haben vielfach noch sehr traditionelle Wünsche und Erwartungen an ihre Partnerschaft, vor allem, wenn sie selbst noch relativ jung sind und/oder selbst vorher noch keine Ehe oder Lebensgemeinschaft gelebt haben. Sie wünschen sich in vielen Fällen eine traditionelle Hochzeit und gemeinsame Kinder. Diese Lebensziele drohen oft an den Konstellationen der Vergangenheit zu scheitern.

Gegen eine Eheschließung sprechen unter anderem die unterhaltsrechtlichen Bestimmungen zum Ehegattensplitting, die den steuerlichen Vorteil einer erneuten Eheschließung nicht der neuen Familie, sondern dem Unterhaltsanspruch der früheren Familie zugute kommen lassen (vgl. Kapitel »Status von Zweitehen und Zweitfamilien in Deutschland«, S. 191 ff.). So wird der Traum von der Hochzeit – womöglich ganz nach dem TV-Modell »Traumhochzeit« – immer wieder hinausgeschoben oder muss ganz ad acta gelegt werden. Vielleicht ist auch aus religiösen Gründen eine kirchliche Trauung nicht möglich, weil der Partner geschieden ist. Träume, die wie eine Seifenblase geplatzt sind, belasten das Glücksempfinden der Zweitfrauen sehr. Dann sticht das fotografisch dokumentierte Hochzeitsglück, das die Ex-Frau mit dem Gebrauchten Mann erleben durfte, besonders tief in die emotionalen Herzkammern der neuen Partnerin. Das ist nicht nur bei Stina der Fall.

> »Mich nervt es ungemein, dass die Mutter meines Freundes in ihrer Küche ein Hochzeitsbild meines Freundes hängen hat, das ihn und seine schöne Braut zeigt.« *(Stina)*

Zu den finanziellen oder religiösen Aspekten, die gegen eine Eheschließung sprechen, kommen möglicherweise auch die negativen Beziehungserfahrungen des Partners. Dieser ist durch seine Trennungserfahrung vielleicht nicht mehr bereit, das Risiko einer legalisierten Bindung einzugehen. So ist es auch bei Konstanzes Partner:

> »Happy End? Leider nein. Denn mein Freund hat so negative Gefühle gegenüber Dingen wie Heiraten (und auch finanzielle Vorbehalte, weil er von seiner Ex ausgenommen wurde wie eine Weihnachtsgans), dass das nicht möglich ist. Er schafft es nicht mehr, sich zu deklarieren ...« *(Konstanze)*

Hat die Zweitfrau den Wunsch, eine »richtige« Ehefrau zu werden, und lehnt der Partner das aufgrund der Trennungserfahrung ab, kann für die Zweitfrau das Gefühl entstehen, dass ihm die momentane Beziehung nicht so viel wert ist wie die erste. Das ist in jedem Fall eine Kränkung für die Zweitfrau. Je nachdem, welchen Stellenwert ein Trauschein in ihrem Empfinden einnimmt, resultiert daraus auch eine Verunsicherung in Bezug auf die Stabilität der Beziehung. Bedeutet eine Eheschließung trotz aller gegenteiliger Beispiele für sie Sicherheit und Liebesbekenntnis, dann ist eine Ablehnung der Ehe ein deutlich verunsichernder Faktor.

Als ein besonders problematischer Einfluss auf das Leben in einer Secondhand-Beziehung wird von vielen Frauen der intensive Wunsch nach einem gemeinsamen Kind in dieser neuen Beziehung genannt. In einigen Fällen wird dieses Thema zur Zerreißprobe der Partnerschaft, da sich alle defizitär empfundenen Partnerschaftsaspekte in dem Wunsch nach einem Kind konzentrieren. Juliane zeigt zwei Faktoren auf, die diesen Wunsch so problematisch und auch dringlich machen.

> »Finanziell sieht es bei ihm nicht besonders gut aus, aber ich denke, ich kann mich arrangieren und es geht gut (ich hoffe!!!). Da wäre aber noch das Problem, mein Kinderwunsch, er mit 39 Jahren und zwei Kindern hat nicht mehr den Wunsch nach einem gemeinsamen Kind. Aber für mich war immer klar, dass ich mindestens ein Kind haben will. Er sagt, er will eher kein Kind mehr, und ich sage, aber ich will ein Kind. Es könnte darauf hinauslaufen, dass wir uns deswegen trennen müssen. Weil ich mit diesem unerfüllten Wunsch auf Dauer nicht mit ihm leben könnte, das weiß ich ziemlich genau.
>
> Ich hätte das Gefühl, er hat alles, Kinder, Ex-Frau beziehungsweise Ex-Familie und Geliebte, und ich muss auf alles verzichten. Das kann und will ich nicht!« *(Juliane)*

Einmal sind es also die finanziellen Einschränkungen, die es tatsächlich in vielen Partnerschaften unmöglich machen, sich noch ein weiteres Kind »zu leisten«. Die Secondhand-Beziehungen mit noch langfristigen Unterhaltsverpflichtungen sind in den meisten Fällen auf ein volles Gehalt der Zweitfrau angewiesen. Für viele Paare ist daher die Frage nach gemeinsamen Kindern eine Geldfrage. Entscheiden sie sich trotz aller erkennbaren Probleme für ein Kind, sind es gerade die Frauen, die unter dem Zwiespalt von gleichzeitiger Mutterrolle und Berufstätigkeit leiden. Ihre Berufstätigkeit ist dann keine freiwillige, die Selbstverwirklichung und Unabhängigkeit ermöglicht. Es ist eine zwangsweise, die sie ihrer Position als Zweite zuschreiben und durch die sie Unzufriedenheit und Schuldgefühle erleben.

> »Nicht die Möglichkeit zu haben, auch nur eine Zeit Erziehungsurlaub zu nehmen, sondern ein acht Wochen altes Baby in fremde Hände geben zu müssen, war eine ziemlich bittere Pille für mich. Ich habe heute noch ein schlechtes Gewissen gegenüber meinem Sohn, oft das Gefühl, keine gute Mutter zu sein.« *(Silvie)*

Silvie und ihr Partner haben sich gemeinsam für ein Kind entschieden. Viele Zweitfrauen haben jedoch Partner, die den Wunsch ihrer Zweitfrauen nicht nur aus finanziellen Überlegungen nicht teilen. Meist sind das Secondhand-Männer, die bereits Kinder aus einer früheren Partnerschaft haben. Sie haben also bereits das Vatersein erlebt und tragen auch weiterhin die Verantwortung für die Kinder – oft nur in finanzieller Hinsicht, häufig aber auch in sozialer Form. Nicht alle Gebrauchten Männer sind dann bereit, ein weiteres Kind in die Welt zu setzen und damit neue Vaterpflichten zu übernehmen. Die Gründe sind vielfältig. Ein wichtiger Aspekt, auf Kinder in der neuen Partnerschaft zu verzichten, ist für viele Männer auch die schmerzliche Trennungserfahrung von den Kindern aus der ersten Ehe. Dies scheint für die Zweitfrauen eine schwer nachvollziehbare und daher nicht zu akzeptierende Begründung zu sein.

> »Der Höhepunkt war dann, als er mir sagte, er möchte mit mir keine Kinder haben. Es würde im so wehtun, dass er sie verloren hat.« *(Tanja)*

Vielleicht hatte Tanja wie so viele Frauen die Hoffnung, dass durch ein gemeinsames Kind die Vergangenheit des Partners an Bedeutung verlieren würde. Ein Motiv für den intensiven Kinderwunsch mancher Zweitfrau ist sicherlich der Wunsch nach »etwas Gemeinsamem« in dieser Partnerschaft. Ein gemeinsames Kind wird zum Symbol der Normalität, zum Zeichen einer Familienstruktur, »wie sie sein sollte«. Die Vergangenheit soll durch das gemeinsame Kind an Macht verlieren, da dieses eine Verbindung in die Zukunft darstellt. Für Sigrid wird der bereits mit dem Partner umgesetzte Kinderwunsch dann sogar zu einem Trumpf in der Hand, der gegen die Ex-Frau ausgespielt werden kann, die selbst nicht Mutter ist.

> »Da mittlerweile unser Sohn da ist, habe ich jetzt auch das Gefühl, noch eine sehr viel wichtigere Sache mit meinem Mann zusammen erlebt zu haben als jemals seine Ex. Wir sind jedenfalls sehr glücklich und fühlen uns als ganz normale Familie.« *(Sigrid)*

Der Kinderwunsch ist in einer auf Dauer angelegten Beziehung sicherlich immer ein legitimer Wunsch. In Folgebeziehungen besteht aber durchaus die Gefahr, dass der Wunsch für die Zweitfrau besonders wichtig wird, weil sie sich und ihre Partnerschaft im Vergleich zur ersten Ehe des Gebrauchten Mannes erst dann als gleichwertig empfindet. In einem solchen Fall müsste man von der Funktionalisierung der Kinder als Gemeinsamkeitssymbol und Stabilitätsfaktor sprechen.

In einem Gespräch unter Zweitfrauen regt Sina an, genau zu prüfen, ob der Kinderwunsch ein eigenständiger ist oder ob er eine zusätzliche Funktion hat.

> »Jede von euch hat natürlich das Recht auf Kinder, das geht mich auch nichts an. Aber überlegt mal, ob – abgesehen von all den finanziellen Problemen – es dem Kind gegenüber fair ist, Beweis für einen Neuanfang zu sein oder Zeichen der neuen Liebe, oder ob es einfach in die Welt gesetzt wird, um auch etwas Gemeinsames zu haben? Das sollte man genau prüfen, bevor man eine weitere Familie gründet. Natürlich sieht es in eurem Fall wieder anders aus als oben geschildert. Nur um mal die andere Seite der Medaille zu zeigen. In einem Beitrag (...) hieß es sinngemäß: ›Ich konnte mir die Situation aussuchen, aber mein Kind nicht!‹ Sic!« *(Sina)*

In vielen Berichten von Zweitfrauen wird noch ein weiteres Motiv deutlich, weshalb diese Frauen den Gedanken an ein gemeinsames Kind nur schwer aufgeben können. Viele der befragten Frauen mit einem Gebrauchten Mann sind Mitte bis Ende 30. Sie haben ihren beruflichen Werdegang in zufrieden stellende Bahnen gelenkt, und jetzt wollen sie in eine neue Lebensphase eintreten. Der Mann, der der Vater der Kinder sein soll, ist nun gefunden. Für Ehe und Kinder wäre ebenfalls Raum, ohne dass die Zurückstellung des Berufes Verzicht bedeuten müsste, und außerdem tickt die innere »biologische Uhr«. Die Zeit, die die Secondhand-Partnerschaft eigentlich zur Konsolidierung ihrer ökonomischen Basis benötigen würde, läuft manchen Zweitfrauen davon.

So sieht sich auch Luzie bald vor die Entscheidung gestellt, entweder das Risiko einer Schwangerschaft in einem nicht unproblematischen finanziellen Beziehungskontext oder eine Risikoschwangerschaft in einem Alter von über 40 Jahren einzugehen.

»Wenn wir uns für ein gemeinsames Kind entscheiden (wir wollen das erst tun, wenn wir alle finanziellen Fragen geklärt haben), dann haben wir geplant, dass erst ich zu Hause bleibe und dann mein Freund, da ich mehr verdiene. Später stellen wir uns vor, dass mein Freund halbtags arbeitet. Aber da sind einfach noch zu viele offene Fragen über die Finanzierung der ersten und der zweiten Familie. Wenn wir keinen Kinderwunsch hätten, wäre alles viel einfacher. Leider kann ich auch nicht sagen, warten wir noch ein paar Jahre. Denn so ganz taufrisch bin ich auch nicht mehr, nächsten Monat werde ich 39, und irgendwann ist es auch aus mit der Fruchtbarkeit.«

(Luzie)

Wenn Zweitfrauen ihre Träume von Eheschließung und Kindern als unerfüllbar erkennen müssen, verstärkt das meist ihr Ohnmachtsgefühl. Auch das kann unzufrieden, depressiv und aggressiv machen. Sie müssen dann realisieren, dass sie ihre Zukunft in für sie persönlich ganz bedeutsamen Teilbereichen nicht, wie sie es wollten, selbst gestalten können. Sie müssen erkennen, dass in dieser Beziehungskonstellation die Vergangenheit die Zukunftsperspektiven oft überlagert. Für manche Zweitfrauen ist dies eine Erkenntnis, die sie veranlasst, sogar die Secondhand-Partnerschaft in Frage zu stellen. Die rosaroten Wolken verschwinden und mit jedem Konflikt innerhalb der Partnerschaft oder nach außen vor Gericht stirbt die Liebe ein wenig mehr. Anna ist an diesem Punkt angekommen.

»Mittlerweile habe ich gar nicht mehr die Lust auf diese Beziehung, und die schönen Seiten treten vor all diesen Problemen immer mehr in den Hintergrund. Der Wunsch, auch mal eine ›normale‹ Beziehung zu leben, einen Freund zu haben, mit dem man etwas zusammen aufbauen kann, den man irgendwann heiratet, mit dem man vielleicht Kinder hat, wächst mit jedem Tag.« *(Anna)*

In jedem Fall zeigen die Äußerungen der Frauen, dass die tagtägliche und die langfristige Alltags- und Lebensplanung ein außerordentlicher Problembereich in ihrer Beziehung mit einem Secondhand-Mann sind. Resignation und Ohnmacht zu überwinden fällt nicht leicht. Auch die in Kapitel 6 angeschnittenen Punkte, die zu einer Entlastung des Problempotenzials beitragen, können den Aspekt des unerfüllten Kinderwunsches nicht lösen. So bleibt dann manchmal nur die Erkenntnis, dass viele Träume wie eine Seifenblase geplatzt sind. Anna-Lenas bitteres Fazit:

> »Mein Fazit: Suche dir einen Mann mit Kind, wenn du –
> 1. bereit bist, immer Rücksicht auf die Kinder zu nehmen,
> 2. dir bewusst ist, ihn nie ganz für dich zu bekommen,
> 3. dir auch bewusst ist, dass er vermutlich nicht mehr an die große Liebe glaubt,
> 4. dir bewusst ist, dass 75 % der Männer und 60 % der Frauen eine Scheidung bereuen,
> 5. der Kinder wegen immer verständnisvoll auf ihn verzichtest,
> 6. keinen eigenen Kinderwunsch hast, er hat ja schon welche,
> 7. finanzielle Probleme, die er hat, begleichen kannst,
> 8. dir der Probleme und Krisen bewusst bist, die da durchzustehen sind,
> 9. nicht blind vor Liebe und Romantik bist, das gibt es hier, wenn überhaupt, nur auf Zeit, und deine läuft spätestens, wenn sein Kind kommt, ab.«
>
> *(Anna-Lena)*

Gibt es Einflüsse auf die Lebensplanung?

✗ In welchen Bereichen fühlen Sie Ihre Alltags- und Lebensplanung durch die Nachwirkungen der ersten Ehe des Partners beeinflusst?

✗ Wann werden Ihnen eventuelle Einflüsse besonders deutlich?

✗ Sind vielleicht einige Ihrer Lebens- oder Liebesträume geplatzt?

✗ Wie gehen Sie damit um?

Das Selbstverständnis der Zweitfrauen | 6

Die bisherigen Kapitel haben einen Einblick in das Leben von Secondhand-Beziehungen gegeben. Es wurden darin primär die subjektiven Sichtweisen der Frauen und ihre Empfindungen dargestellt. Fokussiert wurde dabei jeweils auf einzelne Aspekte und Gefühle, die das Leben von Secondhand-Beziehungen anders erscheinen lassen als das Leben in traditionellen Kernfamilien. Zusammenfassend soll nun vorgestellt werden, wie sich diese Aspekte auf das Selbstverständnis von Partnerinnen Gebrauchter Männer auswirken können (vgl. Kapitel »Sie spielen die ›zweite Geige‹«, S. 164 ff.).

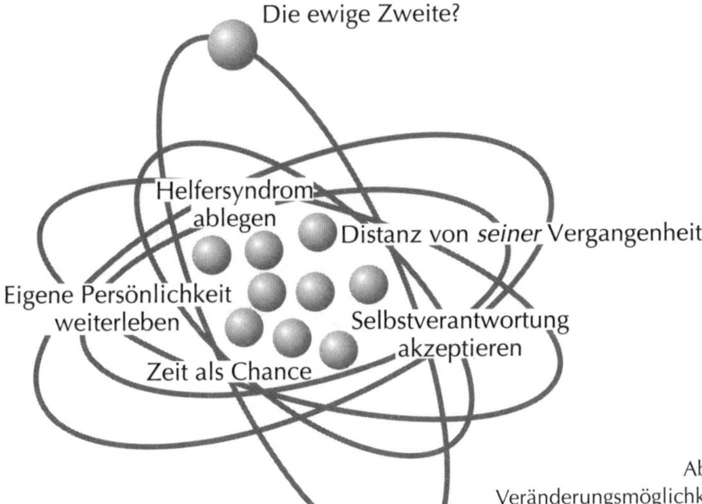

Abb. 9: Veränderungsmöglichkeiten im Selbstverständnis von Zweitfrauen

Secondhand-Partnerschaften sind aber nicht statisch, sondern gelebtes Leben und damit auch Veränderungen und Entwicklungen unterworfen. Auch wenn bislang von vielen Belastungen die Rede war, zeigen sich in den Erfahrungen der Zweitfrauen auch Chancen zur konstruktiven Lösung von Problemen. Diese Lösungsansätze sollen im Kapitel »Distanz als Weg zur Nähe«, S. 171 ff., angesprochen werden.

Sie spielen die »zweite Geige«

Der zu Beginn des Buches kurz beschriebene gesellschaftliche Rahmen, in den die Zweitfamilie gestellt ist, prägt entscheidend das Selbstverständnis der betroffenen Personen. In Form von richterlichen Entscheidungen greift das gesellschaftlich-normative Verständnis von Familie in das alltägliche Leben ein, und die Gesetze verlieren ihren abstrakten Charakter, wenn sie konkrete Auswirkungen auf den Alltag haben. Zweitfrauen wie Conny fühlen sich davon massiv betroffen.

> »Unbändige Wut und Aggression tauchen auf, wenn ich daran denke, wie der Staat mit uns als Zweitfamilie umgeht. Gleichzeitig habe ich das Gefühl, kein Recht auf eine Existenz in diesem Land zu haben, unsere Kinder dürfte es gar nicht geben – ich laufe Gefahr, mich als das NICHTS zu fühlen, zu dem der Staat mich macht.« *(Conny)*

Der legitime Schutz der Erstfamilie, dessen Berechtigung auch an dieser Stelle nicht grundsätzlich hinterfragt werden soll, führt in seiner jetzigen Form gleichzeitig zu einer Schutzlosigkeit der Zweitfamilie, speziell der Zweitfrau. Durch die gesetzlich verankerte Nachrangigkeit der zweiten Ehefrau drängt sich der Eindruck einer Ehe/Familie zweiter Klasse auf, der auf der individualpsychologischen Ebene nachhaltig das

Selbstwertgefühl und das Selbstbewusstsein der Partnerinnen von Gebrauchten Männern prägt. Besonders die Unkalkulierbarkeit und die Abhängigkeit des ursprünglich als ganz privat gedachten Lebensraumes Ehe/Partnerschaft von gesetzlichen Regelungen, juristischen Entscheidungen und den diffusen Absprachen zwischen den ehemaligen Partnern oder den Kindern und dem Partner, die in den vielen Beispielen deutlich geworden sind, machen manche Frauen hilflos und verbittert. Es kann daraus ein Gefühl des ewigen Zurückgestelltsein erwachsen, welches das Selbstverständnis der Zweitfrauen charakterisiert. Gerade in einer Partnerschaft, die durch die Exklusivität der Positionen gekennzeichnet ist, ist der Verweis auf den zweiten Platz eine besondere Kränkung, die auch Dorothee deutlich zum Ausdruck bringt.

> »Also erst Unterhalt, dann Schulden, dann Selbsterhaltungskosten, und wo bleibt die neue Partnerin und das damit verbundene neue Kind? Egal, was du tust, du bist immer nur die Nr. 2.« *(Dorothee)*

Speziell zu Beginn einer Secondhand-Beziehung gibt es häufig Phasen immer wiederkehrender juristischer Auseinandersetzungen zwischen dem geschiedenen oder dauerhaft getrennt lebenden Mann und seiner früheren Frau um Unterhalt, Sorge- oder Umgangsfragen. Diese regieren unmittelbar in die folgende Partnerschaft hinein, ebenso wie die durch eine bestehende Elternrolle nicht vermeidbaren Kontakte zur Ex-Frau und zu den Kindern. Die Zweitfrauen können sich nach außen gegen diese Eingriffe in ihr Beziehungsleben nicht wehren, weil sie

1. unter rechtlichen Gesichtspunkten in den allermeisten Fällen keine Rolle spielen und
2. weil sie nicht offen gegen die Vaterrolle ihres Partners angehen wollen.

Das Band der Zusammengehörigkeit der ehemaligen Familie, besonders das Band zwischen Ex-Frau und geschiedenem Mann, erscheint zu diesen Zeiten oftmals enger als das »zarte« Band der neuen Partnerschaft. Die zweite Partnerin erlebt die anwaltlichen oder gerichtlichen Konfrontationen als immer wiederkehrende Kränkung ihrer Position und Rolle. Sie fühlt sich ausgeschlossen, hilflos, ohnmächtig, als Spielball zwischen Gerichten, Anwälten, der Ex-Frau und dem Partner. Sie sitzt auf einem Vulkan von Gefühlen, der immer dann aktiv wird, wenn wieder von anderen Instanzen Entscheidungen über »*ihr Leben*« getroffen werden oder sie sich in *ihrer* Lebensplanung betroffen fühlt. Die Angst vor Briefen mit dem Adressaufkleber des »gegnerischen« Anwalts, die endlos lange Zeit bis zur Verkündung von Urteilen, das Wissen, dass Entscheidungen nie einen endgültigen Charakter haben, der Schreck beim Klingeln des Telefons, dass das lang geplante romantische Wochenende zu zweit doch wieder durch einen kurzfristigen Kinderbesuch verschoben werden muss, das alles zusammen lässt das Leben wenig selbstbestimmt, dafür umso unruhiger erscheinen.

Aber auch dort, wo die Kommunikation der Ex-Partner auf Elternebene gut funktioniert, kann das Selbstverständnis von Zweitfrauen beeinträchtigt sein. Ein Gefühl des Ausgegrenztseins stellt sich dann ein, wenn die Absprachen »über ihren Kopf hinweg« getroffen werden oder wenn ihnen vor Augen geführt wird, dass sie für Fragen zwischen Vater und Tochter oder Vater und Sohn nicht »zuständig« sind (wohl aber für das Einkaufen von Geburtstagsgeschenken oder für den Hausputz nach einem turbulenten Kinderwochenende). Auch die langfristige Perspektive beinhaltet Komponenten der Unsicherheit. Was ist mit Erbschaftsfragen, wie wird die Altersversorgung der zweiten Familie aussehen? Das Leben mit solchen Unsicherheitsfaktoren wird von vielen Zweitfrauen als emotionale Achterbahnfahrt erlebt – ähnlich wie Annerose es hier sagt:

»Also ich finde es schwierig, in so einer Konstellation zu leben, weil man einfach immer die Nummer 2 ist. Ich habe da so meine Krisen, die abwechselnd mit Wutausbrüchen, Heulanfällen und Kaltschnäuzigkeit einhergehen.« *(Annerose)*

Da Gesetze, Richter und auch die Gegenanwälte in der Regel für die Zweitfrau nicht greifbar sind, fokussieren sich nicht selten die Ohnmachtsgefühle und alle existenziellen Ängste von Zweitfrauen auf die Ex-Frau und die Kinder aus der früheren Ehe des Gebrauchten Mannes als Ursache für den Schlingerkurs der neuen Partnerschaft. Sie werden oft als Quelle aller Probleme betrachtet. Lediglich die Frauen, in deren Partnerschaft keine Kontakte mehr zur ersten Familie bestehen, beschreiben ihre Einstellungen zu dieser ohne Schuldzuweisungen oder Eifersuchtsgefühle. Auf meine Frage, ob sie sich während der Secondhand-Beziehung verändert haben, haben viele Zweitfrauen geantwortet, dass sie nicht mehr so unbeschwert und optimistisch ihr Leben leben können. In ihrem Selbstbild sehen sie sich nachdenklicher, empfindlicher, mürrisch, wütend, bis hin zur Verbitterung.

»Ich denk, ich bin zunehmend unzufriedener und undankbarer geworden. Ich habe meine eigenen Ziele und Träume aus den Augen verloren, weiß aber auch nicht mehr zu schätzen, was ich habe und was ich erreicht habe.« *(Silvie)*

Silvie reflektiert Veränderungen ihrer Persönlichkeit sehr genau, und es macht ihr fast ein wenig Angst zu sehen, in welche Richtung sie sich bewegt – sie wird sich selbst fremd. Noch befremdlicher wird es für Frauen, wenn sie extreme Gefühle bei sich entdecken, die sie sonst nicht an sich kennen. Auch Ute bekommt Angst vor sich selbst:

»Ich habe einen Hass gegen Frauen, die sich auf Kosten ihrer Ex-Männer ein bequemes Leben machen. Die ihr eigenes

Leben nicht in den Griff bekommen und ihr Kind als Faustpfand benutzen. Meine Devise war immer ›Leben und leben lassen‹, ich kannte solche Gefühle gar nicht, wie sie mir jetzt manchmal hochkommen, dass ich jemandem an die Gurgel gehen will oder, noch schlimmer, dass ich sie umbringen möchte. Und das erschrickt mich manchmal.« *(Ute)*

Frauen in der Position als Zweitfrau werden durch die ökonomischen Rahmenbedingungen ihrer Partnerschaft oftmals unfreiwillig in die Rolle der Versorgerin gedrängt. An ihnen scheint das Überleben, zumindest aber der kleine »Wohlstand« der Zweitfamilie zu hängen. Obwohl berufliche Eigenständigkeit und finanzielle Autonomie zu den Errungenschaften weiblicher Emanzipation zählen, verlieren diese im Zeichen des »Muss« an Attraktivität. Für Silvie wird daraus sogar eine Bürde und eine Überforderung.

»Es belastet mich, dass alles an mir zu hängen scheint.« *(Silvie)*

Auch hier wird wiederum ein Restbestand traditioneller Norm- und Werteorientierung deutlich, dessen Diskrepanz wir bereits im Kapitel »Vom ›Machbaren‹ und vom ›Lebbaren‹«, S. 25 ff., erkennen konnten. Die Möglichkeiten des modernen Lebens, vor allem des Beziehungslebens, werden von einer Angst vor den Konsequenzen der Individualisierung begleitet.

Oft wird das Selbstverständnis der Zweitfrauen auch durch das Gefühl des Alleinseins mit den Problemen geprägt. Wie groß diese Belastung ist, zeigt sich unter anderem an der Bereitschaft, für dieses Buch über die eigene Situation zu reflektieren. Im eigenen Umfeld, bei Freunden oder in der Familie finden die Zweitfrauen wenig Verständnis für ihre Situation und für ihre Ängste und Nöte. Häufig treffen die Zweitfrauen auf Reaktionen wie »Aber du wusstest doch, was da auch dich zukommt« oder »Du hast das doch so gewollt«. Während sie selbst eher das Gefühl haben, ein Opfer der gesetzlichen Rahmenbedingungen und ein Opfer der Streitbarkeit der Ex-Ehepartner zu sein, wird den Zweitfrauen von anderen Seiten eine Mitschuld an der persönlichen Lage zugewiesen. Conny hat das auch zu spüren bekommen.

> »Wenn ich jemandem von unserer Lebenssituation, insbesondere von unserer finanziellen Situation erzähle, stoße ich auf Unglauben und Widerspruch. Es kann gar nicht sein, dass ich keine Möglichkeit habe, mein Kind selbst zu betreuen. Es kann gar nicht sein, dass ich bei der Unterhaltsberechnung einfach herausfalle und dass ich keinen Anspruch auf Sozialhilfe oder andere Hilfen habe. Sicherlich habe ich den falschen Anwalt, so meinen viele.« *(Conny)*

Diese Reaktionen von Nichtbetroffenen geschehen manchmal aus Unkenntnis der tatsächlichen Rechtslage, manchmal aber auch, weil die Entscheidung, eine Bindung mit einem geschiedenen Mann einzugehen, als freiwillige Entscheidung angesehen wird. Nur wenige Nichtbetroffene können die damit verbundenen ambivalenten Gefühle nachvollziehen. Einen Resonanzraum für ihre Gefühle und für ihre Wut, ihre Ängste, ihre Unsicherheiten finden Zweitfrauen in der Regel nur bei ebenfalls Betroffenen. Nur hier finden sie Verständnis für ihre Lage und können ihrem Herzen Luft machen. Und das Bedürfnis, über die Probleme und vor allem über die »Schwelbrände der Seele« zu reden, ist groß. Der Secondhand-Mann ist als Gesprächspartner nicht immer die geeignete Person – wie wir bereits im Kapitel »Man kann doch über alles reden ...«, S. 66 ff., gesehen haben. Vielen Frauen hilft ein Kontakt zu Betroffenen in Selbsthilfegruppen oder in den Kommunikationsräumen des Internets. Im Gespräch mit den anderen relativiert sich sogar manchmal die Sichtweise der eigenen Situation.

Kim konnte aus den Erfahrungen anderer neue Stärken gewinnen:

»Ich habe ständig dieses Bedürfnis, über meine Probleme zu reden. Mit meinen Freundinnen, mit meinem Partner, mit ArbeitskollegInnen, mit den anderen Frauen im Forum (...) Manchmal nerve ich wohl die anderen. Meine Familie zum Beispiel zeigt nicht viel Internesse (...) Zwei Freundinnen sind in einer ähnlichen Situation und die anderen Freundinnen hören auch immer zu, wenn ich ein Problem habe. Wirklich verstanden fühle ich mich aber selten. Im Zweitfrauen-Forum merke ich oft, dass es mir noch verhältnismäßig gut geht. Das hilft ein wenig. Die meisten Frauen, mit denen ich spreche, kennen und verstehen eher die Situation von Alleinerziehenden und haben keine Ahnung, wie es uns Zweitfrauen geht.«

(Kim)

In der Auseinandersetzung mit der eigenen Situation und der von anderen entwickeln sich Stärken, die das Selbstwertgefühl in der Rolle als Zweitfrau verändern. So beschreiben einige Zweitfrauen, dass sie durch die Kompliziertheit der Secondhand-Beziehung gelernt haben anzunehmen, dass es Probleme gibt, die sie nicht beeinflussen können. Sie haben gelernt, gelassener zu sein und eher über den Dingen zu stehen. Das ist ein langwieriger Erkenntnisprozess. Wege dazu werden von den Zweitfrauen oftmals erst nach langer Beziehungs- und manchmal auch nach langer Leidenszeit erkannt. Sie sollen hier nun abschließend vorgestellt werden.

Wie fühlen Sie sich in Ihrer Rolle als Zweitfrau?

- ✗ Was belastet Sie?
- ✗ Wann haben Sie Ängste, wann fühlen Sie sich vielleicht auch in Ihrer Position als Partnerin bedroht?
- ✗ Was bestärkt Sie?
- ✗ Wann fühlen Sie sich dagegen anerkannt und sicher?
- ✗ Haben Sie das Bedürfnis, über Ihre Situation als Zweitfrau zu reden?
- ✗ Mit wem können beziehungsweise tun Sie das?

Distanz als Weg zur Nähe

Aus den vorangegangenen Abschnitten wurde deutlich, dass viele Zweitfrauen ihre Rolle in der neuen Beziehung als mehr oder weniger konfliktreich erleben. Wie groß die emotionale Belastung ist, hängt von vielen Faktoren ab, einerseits von persönlichen Hintergründen wie der Beziehungserfahrung, dem Alter, den Lebenszielen, andererseits von systemischen Aspekten wie dem Maß an Offenheit in der Secondhand-Beziehung und der Trennungshistorie des Partners. Irgendwann kann ein Wendepunkt kommen, an dem die Frauen nicht mehr bereit sind, ihre Unzufriedenheit mit sich selbst oder mit der Situation hinzunehmen.

Manchmal sind diese Wendepunkte nicht genau zu definieren und recht unspektakulär. Viele Zweitfrauen-Geschichten verweisen auf den Faktor Zeit als ausschlaggebenden Faktor für eine Wende im Erleben der Beziehung. Zeit scheint eine notwendige Voraussetzung zu sein, um sich als Zweitfrau im komplexen System einer Secondhand-Beziehung selbst verorten zu können und die eigene Rolle zu finden. Zeit ist auch notwendig, damit sich die äußeren Rahmenbedingungen stabilisieren und das Selbstverständnis in der Rolle als Zweitfrau wachsen können. Wie bei Anabel sind dazu oft mehrere Jahre notwendig.

> »Ich habe also ca. fünf Jahre dazu gebraucht, um die Fronten abzuklären und die Standpunkte des anderen zu akzeptieren. Wir haben beide – mein Mann und ich – lernen müssen, mit der Situation umzugehen. Mein Mann hat auch erkennen müssen, dass unsere Beziehung anders läuft wie die vorausgegangenen. Der Kampf (das war es wirklich) hat sich aber gelohnt. Wir führen derzeit eine bessere Beziehung als jemals zuvor.« *(Anabel)*

Sicherlich ist es oft der Fall, dass im Laufe der Jahre die Belastungen durch Unterhalt und Besuchsregelungen der Kinder objektiv nachlassen. Das begünstigt natürlich eine »Normalisierung« der Lebensverhältnisse und erhöht die Distanz zur Vergangenheit. Außerdem ist es im Laufe einer längeren Beziehungszeit anscheinend möglich, auch gegen die Widerstände externer Einflüsse eine Paaridentität zu bilden. Voraussetzung ist ein gegenseitiges, sicheres Gefühl, bezogen auf die Liebe des anderen.

In anderen Fällen sind die Wendepunkte genauer zu definieren. Sie bauen auf einer gehörigen Portion aufgestauter Wut und Ärger auf. Wut hat ein enormes energetisches Potenzial, das Veränderungen herbeiführt, die »frau« früher nie für möglich gehalten hat.

Im Kapitel »Man kann doch über alles reden …«, S. 66 ff., habe ich darüber berichtet, wie wichtig die kommunikative Aufarbeitung der ehelichen Vergangenheit des Gebrauchten Mannes für manche Zweitfrau ist, wie viel sie dadurch für ihr Selbstbewusstsein und die Sicherheit in ihrer Position in der neuen Beziehung gewinnt. Aber es wurde auch angedeutet, dass dieses Wissen und das dauernde Wiederbeleben der Vergangenheit im Gespräch auch zu »Schwelbränden« auf der Seele führen können. Das Wissen wird zur Fallgrube. Erst empfindet die Zweitfrau durch das Miteinander-Reden unbewusst Entlastung in ihrer Suche nach einem legitimen Platz im Leben des Mannes, dann aber wird dieses Wissen immer mehr zu einer Belastung. Die Vergangenheit ist nicht mehr nur die seine, sondern irgendwie plötzlich auch die der Zweitfrau. So kommen viele Frauen im Laufe der Zeit zu der Erkenntnis, dass sie sich innerlich von der Vergangenheit des Partners distanzieren müssen, um eben auch die »Schwelbrände der Seele« löschen zu können. Das Nachdenken darüber beginnt dann häufig so wie bei Silvie:

> »Ich durfte ihn von Anfang an alles fragen, er hat immer alles beantwortet, egal, wie intim die Themen waren. Im Nachhinein bedaure ich, manche Fragen gestellt zu haben, weil die Antworten mich in Bezug auf unsere Beziehung zu sehr belasten.« *(Silvie)*

»Ich wünschte, ich wüsste nicht alles!« Diese oder ähnliche Sätze markieren oft einen Wendepunkt im Selbstverständnis von Zweitfrauen. Die Konsequenz daraus ist dann: »Ich muss, ich will nicht mehr alles von der Vergangenheit und den vielleicht noch immer andauernden Trennungskonflikten wissen! Ich mache es nicht mehr zu meiner Sache!«

Was passiert hier?

Viele Frauen können erst mit dem Abstand einiger Jahre erkennen, wie sehr sie sich auf die Gefühlslage des Partners konzentriert haben und welche Probleme sich daraus für ihre eigene Beziehungsidentität ergeben haben. Auch Sybille begann nach langer Zeit darüber nachzudenken, ob ihr persönlicher Einsatz für die Lösung der Probleme des Partners nicht vielleicht etwas mit ihr selbst zu tun haben könnte:

> »Bestärkt hat mich mein Durchhaltevermögen. Woher ich das nehme, weiß ich nicht. Vielleicht eine Form von Masochismus oder Angst vor dem Alleinsein!? Ich denke, nur die Liebe zum Partner, die sehr oft auf die Probe gestellt wird, kann es nicht sein.« *(Sybille)*

Mit Wut im Bauch und der Erkenntnis, für die bisherige Beziehungsentwicklung mit all den als belastend empfundenen Faktoren auch selbst verantwortlich zu sein, entwickeln einige Zweitfrauen eine persönliche Strategie, um gegen die empfundene Hilflosigkeit und Ohnmacht anzugehen. Die Strategie heißt Loslassen-Können und Mut und Kraft zur aktiven Distanz.

Gemeint ist damit der Versuch, loszulassen von dem Verantwortungsgefühl für die Bewältigung *seiner* Vergangenheit und die Lösung *seiner* Problembereiche. Es ist der Versuch, *Distanz* zu gewinnen. Selbstkritisch haben die Zweitfrauen dann oftmals erkannt, dass sie in die Falle des eigenen Helfersyndroms getappt sind. Sie wollten Probleme lösen, die nicht ihre eigenen sind und die sie auch gar nicht selbst lösen können.

Stina wird sich dessen sehr deutlich bewusst.

> »Ich bin egoistischer geworden. Am Anfang habe ich alle Aufgaben an mich gerissen: mit den Kindern lernen, mich um den Schriftkram meines Freundes kümmern, ihn an Termine erinnern, die mit seiner Trennung zusammenhängen. Doch das hat mich aufgefressen.« *(Stina)*

Mit dieser Erkenntnis, nicht für alle Aufgaben zuständig zu sein, kann Stina loslassen und braucht sich nicht mehr für alles verantwortlich fühlen. Auch andere Frauen gehen den Weg, die Rolle der Familienmanagerin, der Hilfsanwältin, der Therapeutin, der Vermittlerin abzulegen. Diesen Frauen ist es dann auch möglich, den Vater-Partner zu tolerieren und seine Vergangenheit als eigenständigen Wert zu akzeptieren. Sie »klinken« sich dann manchmal einfach aus den Bereichen aus, die sie bis dato zwar auch als ihre Aufgabe, aber auch als ihre Last empfunden haben. Sie lassen den Vater-Partner häufiger allein an Besuchswochenenden etwas mit seinen Kindern unternehmen, begleiten ihn nicht zu vielleicht problematischen Familienfeiern und fahren auch schon mal allein in Urlaub, wenn er sich nicht frühzeitig genug mit seiner Ex-Frau und seinen Kindern über den Termin zum Zelten einigen kann. Auch wenn sie ihre »Alleingänge« nur mit 80%iger Begeisterung durchführen, reichen diese 80 % manchmal aus, um sich weitaus wohler zu fühlen, als wenn sie die Unternehmungen im Dunstkreis von Spannungen über sich ergehen lassen hätten.

Anna beschreibt, dass dieser Weg der Distanz mühevoll, aber auch lohnenswert sein kann.

> »Ich habe am Anfang auch alle Unternehmungen mitgemacht, weil mein Freund auch sehr viel Wert auf harmonische Familienunternehmungen legte; ich fühlte mich aber immer irgendwo ausgeschlossen und litt still vor mich hin. Es gab einigen Streit, als ich an dem Tag, als seine Kinder zu Besuch kamen, nicht da war – mein Freund warf mir zum Beispiel vor, ich lehne seine Kinder ab –, aber mir ging es nachher besser. Es hat mich auch viel Mut gekostet, nicht zu der kirchlichen Hochzeit seines ältesten Sohnes mitzukommen, aber am Ende hatte ich ein viel besseres Wochenende allein verbracht als auf der Hochzeit, und wie ich hinterher gehört habe, hat mich dort auch niemand vermisst, und alle fanden es irgendwo normal, dass ich nicht mit dabei war.«
>
> *(Anna)*

Sich solche Auszeiten zuzugestehen ist meist nicht von heute auf morgen möglich. Für die Zweitfrauen kann das ein lang andauernder, auch schmerzlicher Prozess sein, in dem vielleicht jahrelange Verhaltensmuster aufgelöst und, wie bei Anna, auch Entscheidungen gegen die Erwartungen des Mannes getroffen werden müssen. Es genügt demnach also nicht, wenn die Zweitfrauen alleine versuchen, die Beziehung neu zu gestalten. Der Gebrauchte Mann muss dies tolerant begleiten, beziehungsweise unterstützen und seine Verantwortlichkeiten erkennen und annehmen.

Entwickelt sich nicht leicht ein Voneinander-Wegdriften in der Partnerschaft, wenn der Weg des Loslassens und der Distanz beschritten wird? Dieser Eindruck könnte zunächst entstehen und ein Auseinanderdriften erscheint in allen Phasen einer Folgebeziehung erst einmal problematisch.

In einem relativ frühen Beziehungsstadium scheint Distanz einer gemeinsamen Paaridentität entgegenzustehen, deren Bildung – wie schon erwähnt – als eine wesentliche Entwicklungsaufgabe in der Anfangsphase jeder Partnerschaftsform gilt. In älteren Secondhand-Beziehungen kann eine plötzliche Distanznahme von jahrelang mitgetragenen Verhaltensmustern unter Umständen als Loslösungsprozess von der Person des Partners verstanden werden. Dieser muss dann viel Toleranz aufbringen, damit die Zweitfrau ohne schlechtes Gewissen neue Wege beschreiten kann.

In Kapitel 4 ist von Wir-Gefühl und Paaridentität die Rede gewesen, die erst durch die Balance von Verbundenheit und Autonomie mit dem Ziel der Gegenseitigkeit[31] beziehungsweise durch einen Ausgleich von Ich- und Du-Ansprüchen und deren Harmonisierung zu Wir-Ansprüchen[32] werden können. Loslassen steht aber eigentlich ganz im Gegensatz zum Verständnis der Zweitfrauen, die eher die traditionelle Suche nach dem »gemeinsamen Selbst«, nach der symbiotischen Einheit mit möglichst klar definierten Grenzen nach außen als die wichtigste Aufgabe der Beziehungsentwicklung für die Secondhand-Beziehung ansehen.

Voraussetzung für die konstruktive Wirkung des Loslassens ist sicherlich ein verständnisvoller gemeinsamer Dialog der Partner. In diesem stehen dann aber nicht die Probleme der Vergangenheit im Vordergrund, sondern die gegenseitigen Erwartungen an Beziehungsgegenwart und -zukunft. Die stillschweigend akzeptierten Erwartungs-Erwartungen müssen im Gespräch offen gelegt und abgeglichen werden.

Warten Sie als Zweitfrau also nicht länger ab, dass Ihnen Ihr Partner Ihre Wünsche, Bedürfnisse und Ansprüche an seine Partnerschaftsrolle von den Augen abliest. Es kann sein, dass er aufgrund seiner subjektiven Wirklichkeitswahrnehmung etwas ganz anderes darin liest, als Sie ausdrücken möchten. Versuchen Sie im gegenseitigen Respekt, die Wünsche und Bedürfnisse des anderen wahrzunehmen. Dann ist es möglich, sich auf den spannenden Weg der Umsetzung und der Neukonstruktion der Beziehung zu begeben: der Weg zu mehr Nähe!

Lore versucht erste Schritte des Loslassens und der Distanz:

> »Ich werde jetzt anfangen, mir meine Welt etwas unabhängiger davon zu gestalten, signalisiere ihm aber, dass ich ihn gerne daran teilhaben lassen möchte. Das ist mein Wunsch und entspricht mir, denn ich muss – mit fast 40 Jahren – auch endlich mal mir gemäß leben und ›gut zu mir selber sein‹.«
>
> *(Lore)*

Hier liefert Lore ein weiteres Stichwort: »gut zu sich selber sein«. Von vielen Zweitfrauen und vor allem von Zweitfrauen, deren Secondhand-Beziehung leider gescheitert ist, kommt immer wieder der Hinweis, sich als eigenständige Person nicht aufzugeben. Sie weisen aus eigener Erfahrung auf die Gefahr hin, sich in dieser konfliktträchtigen Konstellation selbst nicht mehr wahrzunehmen, die eigenen Bedürfnisse hintanzustellen. Der »heimliche Lehrplan« vieler Zweitfrauen lautet nämlich: Du musst viel Kraft haben und mit dem Ziel vor Augen, es dem Partner oder anderen beweisen zu wollen, vergisst du dich selber; du arbeitest nicht mehr an dir selber, du wirst nebensächlich und manchmal auch unsicher. Nebensächlich wirst du, wenn wieder Briefe vom gegnerischen Anwalt kommen; Gefühle werden häufig aufgearbeitet, aber meistens sind es seine. Unsicher wirst du, wenn du bedenkst, welche Verantwortung du übernommen hast.

Hinter der Erkenntnis, sich selbst und die eigene Persönlichkeit zu vernachlässigen, verbergen sich die manchmal schmerzlichen Erfahrungen einer zerbrochenen Secondhand-Beziehung oder eines jahrelangen, aufreibenden Kampfes gegen Unsicherheiten, Ohnmachtsgefühle oder des »Schattenboxens« gegen Ex-Frauen oder Justiz. Selbstaufgabe kann die Beziehung jedoch nur eine Zeit lang scheinbar stabilisieren. Über längere Zeit führt sie zu großer Unzufriedenheit und eher zur Verfestigung der als Belastung empfundenen Strukturen. Distanz ist dann auch Befreiung aus der Opferrolle!

Alle Frauen haben eigene Worte für ihre Form der Distanz. Tekla nennt es »Persönlichkeitsfindung«, Luzie »etwas für die eigene Selbstachtung tun« und Edith beschreibt pragmatisch die von ihr empfundene Notwendigkeit, »als Ausgleich auch Zeit für mich und mit guten Freunden zu haben«. Der Tenor ist bei all den Empfehlungen jedoch gleich:

- Finde heraus, was du wirklich willst, sage und zeige es ehrlich!
- Sorge gut für dich selbst und lerne, deine Bedürfnisse und Grenzen zu erkennen und nach außen deutlich zu machen!
- Nimm dein Leben wieder selbst in die Hand und trage auch die Verantwortung dafür selbstständig!

Loslassen und Distanz entwickeln sind dabei eben nicht gleichbedeutend mit Trennung. Im Gegenteil: Distanz kann auch als ein Weg zu einer neuen Form von Nähe und

Secondhand-Partnerschaftsidentität gesehen werden. Distanz ist letztendlich eine neue Form von Selbstverständnis der Zweitfrauen, die ohne Schuldgefühle sich selbst gegenüber ihre Rolle als Partnerin eines geschiedenen Mannes aus einer neuen Eigenständigkeit heraus definieren.

Eine solche Wende ist nicht immer allein zu schaffen. Manchmal ist externe Hilfe notwendig. Das kann eine therapeutische Hilfe sein, die die Zweitfrau begleitet, sie stützt und ihr hilft, die treffenden Worte und Bilder für das Erlebte und Empfundene zu finden. Eine psychologische Beratung ist oft das Sprungbrett, um sich aus dem Sog der Vergangenheit befreien zu können und die Tür zur Zukunft wieder aufzumachen.

Aber auch für das Aushandeln der Spielregeln in der Secondhand-Partnerschaft ist nicht selten externe Unterstützung notwendig. Es muss offen definiert werden, welche Erwartungen die Partner aneinander haben, welche Verletzlichkeiten und Kränkungen überwunden werden müssen, welche Bedürfnisse und Grenzen jeder respektiert sehen möchte. Damit sind die Partner allein oft überfordert. Hier kann auch schon im Vorfeld von eskalierenden Konflikten eine Mediation, eine Konfliktvermittlung, neue zwischenpartnerschaftliche Brücken schlagen.

Ob nun aus eigener Kraft oder mit externer Hilfe: Mit dem Abstreifen der Opferrolle ist der Weg frei, auch als Zweitfrau mit all den systembedingten Belastungen neue Potenziale der eigenen Persönlichkeit zu entdecken und auszuschöpfen. Es besteht die Möglichkeit, die frei gewordene Energie in positive Veränderungen zu investieren. Die äußeren ökonomischen und emotionalen Zwänge in einer Secondhand-Beziehung können konstruktiv gewendet auch die Plattform für eine positive Form von Unabhängigkeit und Eigenständigkeit sein. Sie eröffnen Entwicklungschancen, wie Linda sie nach langer Zeit der »Ohnmacht« nun auch für sich entdecken kann:

»Ich bin härter geworden, selbstbewusster, desillusionierter. Früher habe ich sehr viel eingesteckt. Heute gründe ich zum Beispiel gerade eine Werbeagentur, hätte ich mich früher nicht getraut. Dass ich dazu jetzt schwanger bin, macht mir diesbezüglich keine Sorge. Ich weiß, wer ich bin, was ich kann, und freue mich über die Selbstverantwortung, die ich für mich, meine Beziehungen und unser Kind eingehe. Niemals möchte ich freiwillig eine Erstfrau sein, deren Rechte finde ich eher erbärmlich.« *(Linda)*

In Secondhand-Beziehungen ist mehr noch als in allen anderen Partnerschaftsformen wichtig:

- Selbstverantwortung für das eigene Leben zu übernehmen und dem Partner die Selbstverantwortung für sein Leben zu überlassen;
- den Partner mit seiner familialen Vergangenheit zu akzeptieren und sich selbst als Persönlichkeit treu zu bleiben!

Es ist ein langer Lernprozess bis dahin. »Frau« muss letztendlich lernen, mit der Vergangenheit zu leben, da sie diese nicht verändern kann. Loszulassen und Distanz zu nehmen von der Vergangenheit des Gebrauchten Mannes und bereit zu sein, neue Wege der Gemeinsamkeit zu beschreiten, bedeutet aber auch gleichzeitig ein Loslassen von eigenen Lebens- und Partnerschaftsvorstellungen. Es ist oftmals das Allerschwerste, sich von den eigenen Idealen, Träumen und Wünschen zu befreien, die sich als nicht realisierbar erweisen. Loslassen ist immer auch mit Verlusten verbunden.

Letztlich kann Distanz aber zu einer gleichberechtigten Partnerschaft führen, die eine neue Form des Nahseins der Partner ermöglicht. Distanz als Weg zur Nähe ist ein mühsamer Weg. Für Anna ist er auch ein Prüfstein, ob die Partnerschaft die richtige für sie ist.

»... ich kann nur allen Frauen, die in einer ähnlichen Beziehung stecken, raten, ihre Gefühle sehr ernst zu nehmen und auf dem, was für sie wichtig ist, zu bestehen. Das musste ich nämlich erst mühsam lernen. Wenn man zu sich selbst gefunden hat und sich und seine Bedürfnisse und Gefühle ernst nimmt, wird man sehen, ob eine Beziehung mit einem ›Secondhand-Mann‹ es wert ist, gelebt und nach außen hin verteidigt zu werden, oder ob man sich besser trennt.« *(Anna)*

Das Resümee der Erzählungen von Zweitfrauen zeigt, dass das von Furstenberg schon vor einem Jahrzehnt angemahnte »Neudenken von Ehe« immer noch nicht umgesetzt worden ist.[33] Wir vergleichen auch heute noch die gelebten Familien- und Partnerschaftsformen mit der traditionellen Kernfamilie. In neuen Beziehungsmodellen ist es immer noch nicht selbstverständlich, dass darin auch die Positionen und Erwartungen neu ausgehandelt werden müssen und die Rollen neu zu definieren sind. Die Andersartigkeit in Secondhand-Partnerschaften ist Normalität – mit diesem Selbstverständnis muss diese mit neuem Leben erfüllt werden.

Welches sind Ihre Wege in der Secondhand-Beziehung?

- ✗ Haben Sie sich im Laufe Ihrer Secondhand-Beziehung verändert?
- ✗ Wie drückt sich das aus?
- ✗ Was würden Sie heute in Ihrer Beziehung vielleicht anders machen?
- ✗ Haben Sie Strategien entwickelt, um mit den Belastungen in ihrer Beziehung umzugehen?

7 Secondhand-Beziehungen: Bereicherung, Illusion oder Fremdbestimmung?

Es wurde schon an verschiedenen Stellen dieses Buches eingeräumt, dass Zweitfrauen sich in unterschiedlicher Weise von den vorgestellten Themen betroffen fühlen und diese jeweils auch unterschiedlich belastend empfinden. Wie ein Puzzle fügen sich die verschiedenen Aspekte ganz individuell zu subjektiven Lebensthemen zusammen. Es gibt nicht *die* Secondhand-Beziehung mit *den* charakteristischen positiven und negativen Merkmalen und *den* konstruktiven und destruktiven Potenzialen. Aber es sind im Vergleich der vielen verschiedenen Erzählungen von Zweitfrauen durchaus Gemeinsamkeiten und Unterschiede im Erleben ihrer Rolle zu identifizieren. Es lassen sich typische Erfahrungsmuster von Zweitfrauen erkennen, wie sie nachstehend skizziert werden. In diesen Erfahrungsmustern, die in keinem Fall als strikt gegeneinander abgegrenzte, unveränderbare Erlebensweisen anzusehen sind, verbinden sich soziodemografische Eckdaten der Zweitfrauen mit deren subjektiven Alltagstheorien. Wie die sich überlappenden Kreise in Abbildung 10 deutlich machen sollen, gibt es immer Mischformen mit sich überschneidenden Merkmalen.

Mit Blick auf die zeitliche Entwicklung einer Secondhand-Beziehung können die einzelnen Muster phasenweise eine unterschiedliche Bedeutung haben. Aus einer von den Zweitfrauen zunächst als primär fremdbestimmt empfundenen Partnerschaft kann sich im Laufe der Jahre – unterstützt durch Lernprozesse – eine als Bereicherung empfundene Secondhand-Beziehung entwickeln.

In welchem Erfahrungsmuster sehen Sie Ihre Gefühle und Erlebensweisen am ehesten widergespiegelt? Unabhängig davon, ob und mit welchem Muster Sie sich momentan identifizieren können, scheint es kaum eine Zweitfrau zu geben, die nicht in bestimmten Phasen ihrer Secondhand-Beziehung Yvonne zustimmen würde:

> »Ansonsten trifft es eine der Karten, die wir zu unserer Hochzeit bekommen haben, sehr gut: Man könnte sich eine Menge Ärger sparen, wenn man seinen zweiten Partner zuerst heiraten würde.« *(Yvonne)*

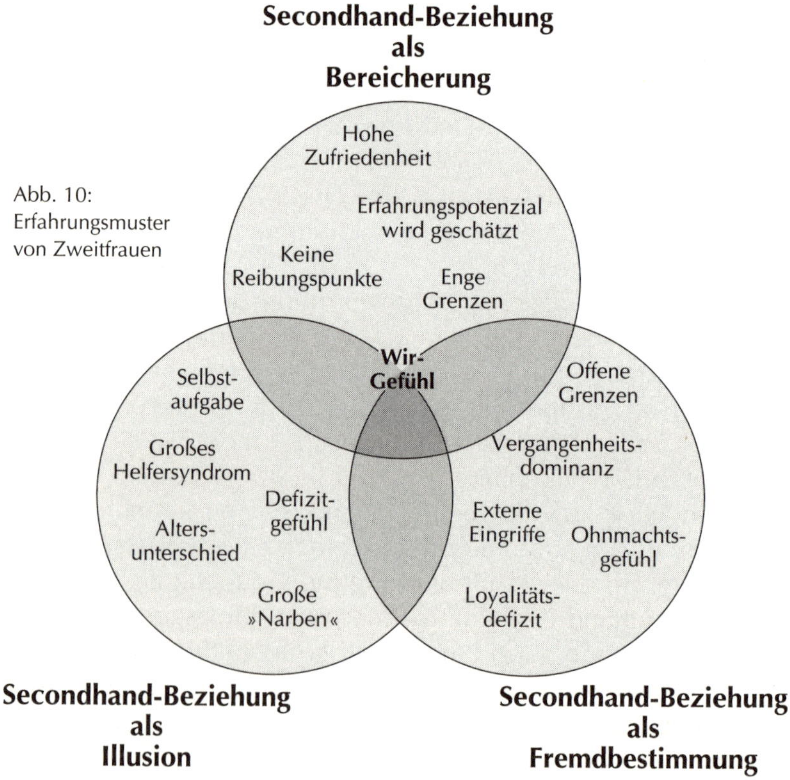

Abb. 10: Erfahrungsmuster von Zweitfrauen

Secondhand-Beziehung als Bereicherung

Kennzeichnend für das Erfahrungsmuster einer erlebten Bereicherung ist eine ausdrückliche Zufriedenheit der Zweitfrauen in der Partnerschaft. Sie selbst sehen sich als Person in der Beziehung geschätzt und anerkannt. Sie haben das Gefühl, sich innerhalb der Partnerschaft auch in ihrer Persönlichkeit weiterentwickeln zu können.

Vom Alter her sind diese Zweitfrauen meist ca. Ende 30 bis Mitte 40, und sie haben oft selbst schon eine Ehe beziehungsweise Scheidung hinter sich. Die Eheerfahrung des Gebrauchten Mannes kann als ein positiver Faktor angenommen werden. Sie kommt beiden Partnern zugute und ermöglicht eine Konzentration auf das Wesentliche der Partnerschaft.

Begünstigend wirkt sich in vielen Fällen aus, dass aus der ersten Ehe des Mannes keine oder nur wenige Reibungspunkte in die Secondhand-Beziehung hineinwirken. Das ist meist dann der Fall, wenn aus der Scheidung des Partners keine Verpflichtungen (mehr) bestehen oder seitens der Frau eine emotionale Distanz zu ihnen besteht. Diese Tatsache ermöglicht dem Paar, sich emotional als nach außen abgegrenzte Paareinheit zu fühlen.

Das Erfahrungsmuster Secondhand-Beziehung als Bereicherung muss nicht von Beginn an kennzeichnend für die Beziehung sein. Es kann sich auch erst nach längeren Phasen der Aushandlung zwischen den Interessen und Lebensschwerpunkten beider Partner langsam entwickeln. Darauf verweist der mehrfach genannte Hinweis auf die notwendige Zeit, in der beide Partner »sich zusammenraufen« müssen, in der aber auch die Zweitfrau ihre Positionen und Pläne einbringen kann, ohne ihre Individualität zu verlieren. Die Secondhand-Beziehung als »Aushandlungsgemeinschaft« ist in dem Sinne dann eine Phase konstruktiv empfundener Auseinandersetzung, in der der Erfahrungsschatz beider Partner letztendlich eine Bereicherung der Gemeinschaft darstellt.

Secondhand-Beziehung als Illusion

In diesem Erfahrungsmuster steht das Gefühl im Vordergrund, dass die Secondhand-Beziehung einen ganz anderen Verlauf nahm, als die Zweitfrau es sich zu Beginn vorgestellt hatte. Zum Zeitpunkt dieser Erkenntnis steckt die Partnerschaft aus Sicht der Frau oft in einer großen Krise oder sie ist schon beendet und das Urteil erfolgt retrospektiv.

Kennzeichnend für dieses Muster ist besonders die Konstellation zu Beginn der Partnerschaft: Wenn das Paar sich kennen lernt, sind die Frauen häufig gerade erst Anfang oder Mitte 20, die Partner dagegen zum Teil wesentlich älter. Die emotionale Beziehung zu Beginn wird oft als »Liebe auf den ersten Blick« beschrieben. Die Ehe des Secondhand-Mannes ist in vielen Fällen gerade erst in die Brüche gegangen, oft ist die Trennung noch gar nicht in der abschließenden Form der juristischen Scheidung vollzogen.

Die Zweitfrau richtet ihre ganze Lebensplanung zunächst darauf ein, ihm, dem Partner, über die Probleme der Trennung, der formalen Scheidung und der damit verbundenen Traumata hinwegzuhelfen. Sie versucht sich, so weit es geht, mit seinem Leben und seiner Vergangenheit zu arrangieren und ihm zu beweisen, dass sie »die Richtige« ist. Die zweite Frau lebt im privaten Bereich unter weitgehender Aufgabe der eigenen Ich-Identität freiwillig und meist unbewusst die Wertvorstellungen und Alltagspraktiken weiter, die *sein* bisheriges Leben bestimmt haben.

Erst im Laufe der Zeit drängt sich bei diesen Zweitfrauen der Eindruck auf, das eigene Leben und die eigenen Ziele vernachlässigt zu haben. Dies ist dann mit einem starken Defizitgefühl verbunden. Sie erkennen, dass ihre Hoffnung, »später« mit ihm ein gemeinsames Leben führen zu können, in das ihre Lebensanteile und -vorstellungen gleichberechtigt eingehen können, eine Illusion ist. Die Bedürfnisse beider Partner haben sich oft schon zu weit auseinander entwickelt. An diesem Punkt kommt es zur Krise, die entweder die endgültige Aufgabe der eigenen Bedürfnisse von Seiten der Zweitfrau zur Folge hat, zum Beispiel den eigenen Kinderwunsch, oder aber zu einer Trennung führt.

Secondhand-Beziehung als Fremdbestimmung

Das Erfahrungsmuster der Secondhand-Beziehung als Fremdbestimmung zeigt sich in Beziehungen, die sehr diffuse Grenzen und daher eine große Öffnung nach außen aufweisen. Hierbei wirken die Einflüsse der ersten Ehe in Form von belastend empfundenen finanziellen Folgeregelungen, Kinderbesuchen und kommunikationsgestörten Kontakten mit der Ex-Frau permanent in die neue Partnerschaft hinein. Bei den Zweitfrauen dominieren Gefühle von Unsicherheit und Ohnmacht. Sie sehen sich in einer Opferrolle gegenüber der Vergangenheit des Partners. Diese Opferhaltung verstärkt sich noch durch den Eindruck, dass der Partner nicht die von ihr gewünschten Grenzen zu seiner Vergangenheit ziehen kann oder will. Dadurch fehlt den Frauen ein wesentlicher Loyalitätsanker. Die zunächst nur außerhalb der Zweierbeziehung identifizierten Probleme wirken sich so zunehmend auch auf die Paarebene aus. Es entwickelt sich die Secondhand-Partnerschaft zu einer »Beziehung als dauernde Komplikation«.

Besonders belastend wird der einschränkende Einfluss der Vergangenheit des Mannes auf die partnerschaftliche Lebensplanung gesehen, die den kurz-, mittel- und langfristigen Bereich umfasst. In dieser Lebensplanung geht es weniger um individuelle Orientierungen als besonders um das Gemeinsame der Beziehung. Das Gemeinsame ist für die Zweitfrauen ein bedeutendes konstitutives Moment ihrer Lebensgemeinschaft und der Abgrenzung zur Vergangenheit. Dabei kann es sich um das gemeinsame Treffen von Entscheidungen, um gemeinsam zu verbringende Zeit, um ein gemeinsames Kind oder auch um die Demonstration von Gemeinsamkeit nach außen, zum Beispiel durch eine offizielle Eheschließung, handeln.

Die empfundene Fremdbestimmung der Zukunftsplanung lässt die Beziehungsgegenwart zu einem kampfbetonten Schattenboxen werden, welches das Gefühl des Ausgeliefertseins meist eher noch verstärkt. Der zeitliche Kontext Vergangenheit – Gegenwart – Erwartungen an die Zukunft, in den eine Paarbeziehung eingebettet ist, ist in diesem Muster extrem aus dem Gleichgewicht geraten. Im Gefühl der Zweitfrauen überlagert die Vergangenheit die Erwartungen an die Zukunft.

Anhang: Rechtliche Aspekte

Partnerschaft und Familie als kulturelles Phänomen

Wie Partner und Familien zusammenleben, ist immer im Zusammenhang mit den gesellschaftlichen Verhältnissen zu sehen, in die sie eingebunden sind. Werte und Normen prägen die individuellen Vorstellungen von Liebe, Partnerschaft und Familie und sie prägen auch die kulturellen und damit die rechtlichen Rahmenbedingungen, in denen das menschliche Miteinander stattfindet. Glücksgefühle, Wut, Hilflosigkeit oder Ohnmachtsempfinden von Zweitfrauen, wie sie in den vielen Zitaten zum Ausdruck kamen, sind daher nicht ausschließlich als psychische Reaktionen von Frauen anzusehen, die mehr oder minder gut mit der Vergangenheit ihres Partners leben können. Sie sind auch Folgen eines bestimmten gesellschaftlichen beziehungsweise politisch-juristischen Bildes von Frau und Familie, das Zweitfamilien und damit auch Zweitfrauen die erwähnte nachrangige Stellung zuweist (vgl. Kapitel »Familiensysteme erster und zweiter Klasse?«, S. 39 ff.).

Die meisten der von mir befragten Frauen stammen aus Deutschland, und in ihren Beiträgen, Gefühlen, Sorgen und Ängsten spiegeln sich die Rahmenbedingungen, die für den deutschen Kultur- und Rechtsraum typisch zu sein scheinen. Die Diskussionsbeiträge und Mails, die aus dem Ausland kamen,[34] machen deutlich, dass es sehr große kulturelle Unterschiede im Umgang mit Folgebeziehungen gibt, die sich entsprechend unterschiedlich in den gesetzlichen Regelungen niederschlagen und damit das Selbstverständnis der Zweitfrauen beeinflussen.[35] Ellens Beispiel aus Frankreich zeigt, wie anders Zweitfamilien dort gesehen werden:

»Mein Mann ist Franzose und ich beobachte immer wieder, dass in seinem Heimatland mit dem Thema Zweitfamilie viel lockerer und unbefangener umgegangen wird. Patchwork-Familien sind dort etwas ganz Alltägliches. Soweit ich sehe, gibt es kaum feindselige Auseinandersetzungen, Gezerre ums Kind und Sorgerecht. Ich denke, es liegt daran, dass die Frauen selbstständiger sind, die Kinderbetreuungsmöglichkeiten sind auch um einiges besser. Man sieht in der Ehe nicht eine lebenslängliche Versorgungsgarantie, sondern ganz pragmatisch eine Verbindung, die auch wieder in die Brüche gehen kann.

Wenn ich meinen Verwandten in Frankreich vom deutschen Scheidungsrecht erzähle, wird ungläubig gestaunt. Dass eine kurze Ehe einen lebenslänglichen Unterhaltsanspruch begründen kann, wird dort als völlig absurd angesehen. Ich denke, wenn das Gezerre und Gezänk ums Geld nicht wäre, wäre es auch für die Kinder besser. Trudes Geschichte finde ich erschreckend.

Welche Perspektive gibt man den betroffenen Männern? Das grenzt ja an Sklaverei.

Ich wünsche mir für Deutschland, dass die Gesetze reformiert werden, immerhin ein Anfang ist schon gemacht mit der Kindschaftsrechtsreform, vielleicht tut sich etwas, wenn nach der Bundestagswahl Politiker an die Macht kommen, die das Scheidungsrecht aus eigener Erfahrung kennen [gemeint war Gerhard Schröder].« *(Ellen)*

Gesetz und Rechtsprechung sind nur sehr langfristig veränderbare Bedingungen. Bis hier grundsätzliche Neuregelungen greifen und sich das gesellschaftliche Bewusstsein entsprechend verändert hat, wird noch eine Menge Zeit vergehen. Daher ist es notwendig, dass jeder Mann und jede zweite Frau genaue Informationen über die für sie gültigen rechtlichen Rahmenbedingungen haben, bevor sie die weit reichenden Entscheidungen über die gesetzliche Form ihrer Partnerschaft treffen.

Für Deutschland folgt nachstehend eine kurze Übersicht über wesentliche Eckpunkte, die dann auf ihre individuelle Relevanz und den aktuellen Stand der Rechtsprechung zu überprüfen sind. Wie Recht und Gesetz in Österreich, der Schweiz oder auch Holland, den deutschsprachigen Nachbarländern, aussehen beziehungsweise welche Aspekte zum Beispiel bei interkulturellen Zweitehen zu berücksichtigen sind, kann hier nicht dargestellt werden. Es bleibt die Empfehlung, sich grundsätzlich durch verschiedene kompetente Stellen beraten zu lassen. Hierzu zähle ich Fachanwälte für Familienrecht, Steuerberater und Selbsthilfeorganisationen. Die Checkliste (vgl. S. 192 ff.) rechtlich relevanter Aspekte ist aber auch für die Zweitfrauen und die Gebrauchten Männer in den europäischen Nachbarländern eine Orientierungshilfe für Beratungsgespräche. Ggf. ist zusätzlich ein Kontakt mit kirchlichen Vertretern notwendig, wenn die Möglichkeit einer kirchlichen »Scheidung« oder einer zweiten kirchlichen Trauung diskutiert werden soll.

Status von Zweitehen und Zweitfamilien in Deutschland

Rechtliche Bestimmungen bekommen für Secondhand-Beziehungen oft dann eine besondere Bedeutung, wenn eine neue Eheschließung beziehungsweise Familiengründung überlegt wird. Schnell werden Unterschiede im gesellschaftlichen Status von Erst- und Zweitfamilie deutlich. Die Bundesarbeitsgemeinschaft Zweitfrauen des ISUV/VDU bezeichnet die Rechtslage und Rechtsprechung als doppelbödig:

»Während die Zweitehefrau und damit ihre Ehe ignoriert werden, wenn es um ihre Ansprüche geht, wird die neue Ehe sehr wohl berücksichtigt, wenn es um die Ansprüche der Erstfrau geht. Während die Zweitfrau in ›Kenntnis der Folgen‹ alle Nachteile zu tragen hat, muss die Erstfrau die Folgen und

Nachteile ihrer Ehe nicht übernehmen, nicht einmal dann, wenn sie selbst die Scheidung eingereicht hat.«[36]

Im »Mangelfall«, also wenn die finanziellen Mittel zur Deckung der Unterhaltsverpflichtungen und zur Sicherung des Lebensunterhaltes der neuen Partnerschaft begrenzt sind, müssen viele Aspekte sorgfältig durchdacht werden, bevor Entscheidungen über Heirat und Kinder getroffen werden.

Nachfolgend werden ein paar grundsätzliche, generalisierende Eckdaten zu finanziellen und erbrechtlichen Aspekten gegeben, die allerdings nicht im Sinne einer rechtlichen Beratung zu verstehen sind. Im Einzelfall kann nur eine umfassende und ausführliche Fachberatung Klärung schaffen. Wie im Streitfall ein Gericht die jeweilige Sachlage entscheiden würde, ist jedoch nie 100%ig sicherzustellen, da die Gesetzeslage lediglich einen Rahmen vorgibt, der im Einzelfall unterschiedlich ausgelegt werden kann.

- *Steuerliche Aspekte*
  Steuerliche Vorteile aus einer neuen Eheschließung, die eine Erhöhung des Nettoeinkommens des Unterhaltspflichtigen zur Folge haben, fließen in die Anspruchsberechnung der Unterhaltsleistungen ein. Die finanziellen Vorteile einer Wiederheirat kommen also überwiegend der Erstfamilie zugute. Die zweite Familie hat dagegen nur Anspruch auf die Steuervorteile, wenn ihr Existenzminimum nicht gesichert ist.

- *Unterhaltsansprüche*
  Im Mangelfall (wenn das Einkommen nicht ausreicht, die Unterhaltsansprüche für alle zu Versorgenden gleichermaßen zu erfüllen) ist die Zweitehefrau gegenüber unterhaltsberechtigten Kindern und der Ehefrau aus früheren Verbindungen nachrangig. Die Rangfolge der Ansprüche von Frau und Kindern aus erster Ehe ist auch dann höher, wenn in der zweiten Ehe Kinder zu betreuen sind. Das Bundesverfassungsgericht (BverfG, FamRZ 84, 346) geht

davon aus, dass die neue Familie von vornherein auf einer eingeschränkten ökonomischen Basis gegründet wurde und ihr Leben auf dieser Grundlage planen muss. Die Privilegien der vorrangig unterhaltsberechtigten Personen dürfen dadurch nicht beschnitten werden.
Unterhaltszahlungen können bei der Beantragung von sozialen Leistungen (zum Beispiel reduzierte Kindergartenbeiträge, Musikschulkosten, Wohngeld, Sozialhilfe) in der Regel nicht als Belastung angerechnet werden (Genaueres liegt im Ermessensspielraum der lokalen Entscheidungsträger). In der Praxis bedeutet das, dass Zweitfrauen auch mit kleinen Kindern oft ihre Berufstätigkeit fortsetzen müssen, damit der Lebensunterhalt der Zweitfamilie gesichert ist. Eine Reduzierung der Arbeitsleistung des Mannes, die eine Herabsetzung des Einkommens zur Folge hätte, führt nicht zu einer Kürzung der Unterhaltsverpflichtungen. Bei Haushaltsführung oder Kinderbetreuung durch den Unterhaltspflichtigen wird weiterhin ein fiktives Einkommen aus einer Vollzeittätigkeit zugrunde gelegt. Wird in einer zweiten Familie der Mann »Hausmann«, müssten die finanziellen Verpflichtungen aus dem Familieneinkommen also auch vom Verdienst der zweiten Frau gezahlt werden.
Unterhaltsansprüche können bis auf den Selbstbehalt des Schuldners von der früheren Ehefrau vorrangig vor Ansprüchen der zweiten Ehefrau im Wege einer Zwangsvollstreckung gepfändet werden.
Unterhaltsberechnungen erfolgen in der Regel auf Basis des Einkommens der letzten zwölf Monate. An Einkommenssteigerungen partizipiert also auch die erste Familie, unabhängig davon, ob die Gehaltserhöhung zum Ausgleich der Teuerungsrate erfolgte oder ob sie das Resultat von Leistungssteigerungen beziehungsweise Karrieresprüngen nach der Trennung ist.

- *Nachlassverbindlichkeiten*
  Die Unterhaltsverpflichtung endet bei Tod oder Wiederheirat des jeweiligen Berechtigten. Im Fall des Todes des Unterhaltspflichtigen geht nach § 1586b die Unterhaltspflicht als Nachlassverbindlichkeit auf die Erben über. Das heißt, dass die zweite Ehefrau unter Umständen nach dem Tod des Mannes die Unterhaltszahlungen für Ex-Frau und Kinder bis zur Höhe des Pflichtteils weiter leisten muss. Der Pflichtteilsanspruch wird anhand des Nachlasswertes zum Zeitpunkt des Todes bemessen. Dessen Berechnung erfolgt auf der fiktiven Annahme, dass die erste Ehe noch bestehen würde. Es fließen also auch Werte ein, die nach der Scheidung in einer gütergemeinschaftlichen zweiten Ehe erworben wurden. Auch gegenüber bedürftigen Kindern aus einer früheren Ehe können aus dem Nachlass Verbindlichkeiten entstehen, die bis zum Abschluss einer angemessen Ausbildung angesetzt werden.

Vor einer zweiten Eheschließung sollten die nachfolgenden Punkte zwischen den Partnern beraten und geklärt werden. Gleiches gilt für die nichteheliche Lebensgemeinschaft, in der die Partner gegenseitig Verantwortung füreinander übernehmen wollen. Auch hier sollte juristisch eindeutig geklärt werden, welche Wege der Absicherung für die jeweilige Lebenskonstellation sinnvoll erscheinen.

Beraten und prüfen Sie

- welche Vollmachten sich die Partner in nichtehelichen Lebensgemeinschaften für den Fall von Krankheit und Pflegebedürftigkeit gegenseitig gewähren wollen;
- die finanziellen Auswirkungen einer Steuerklassenänderung aufgrund einer Eheschließung auf die Unterhaltsverpflichtungen;
- bei Wiederverheiratung die Konsequenzen des Güterstandes »Zugewinngemeinschaft« oder »Gütertrennung« auf die erbrechtlichen Folgen;

- welche speziellen Vermögenswerte jeweils den Erben aus der ersten oder zweiten Lebensgemeinschaft zugesprochen werden sollen;
- welche testamentarischen Möglichkeiten bestehen, die in einer zweiten Lebensgemeinschaft/Ehe gemeinsam erworbenen Werte der Zweitfrau und den gemeinsamen Kindern zu sichern;
- ob und in welcher Form ein Ehevertrag die zweite Ehe in einen für beide Partner kalkulierbaren Rahmen stellen kann. Auch eine zweite Ehe kann scheitern – nicht zuletzt aufgrund der Belastungen aus der Erstehe.

An dieser Stelle möchte ich noch einmal betonen, dass bei der Klärung dieser Fragen nicht der Gedanke im Vordergrund stehen sollte: »Wie kann der Erstfrau und den Kindern aus erster Ehe so viel wie möglich genommen werden?«. Diese haben legitime Ansprüche, die ihnen nicht abgesprochen werden dürfen. Aber auch die zweite Familie hat einen legitimen Anspruch auf eine kalkulierbare Zukunft. Deshalb sollten die Überlegungen davon geleitet werden, wie dem Sicherheitsbedürfnis der zweiten Familie, und damit auch der zweiten Partnerin, Rechnung getragen werden kann. Dieses Bedürfnis hat ebenso seine Berechtigung wie der schon gesetzlich garantierte Schutz der Erstfamilie. Solange der Gesetzgeber nicht die Gleichwertigkeit sukzessiver ehelicher Partnerschaften in geltendes Recht umsetzt, bleibt es Aufgabe der Partner, die gegenseitigen Erwartungen und Bedürfnisse auszuhandeln und die geeigneten Wege zu suchen. Hierzu bietet sich unter anderem frühzeitig eine Mediation an, in der die jeweiligen Sichtweisen und Bedürfnisse von Zweitfrau und Secondhand-Partner mithilfe professioneller Konfliktberater individuell erarbeitet und in Lösungswege überführt werden können.

✎

Gibt es bei Ihnen Klärungsbedarf?

- ✗ Welche Aspekte erscheinen Ihnen in Ihrer Lebenssituation rechtlich problematisch?
- ✗ Für welche Fragen des Zusammenlebens wünschen Sie sich eindeutige Regelungen?
- ✗ Welche Form der Klärungshilfe wäre aus Ihrer Sicht für Sie sinnvoll?

Anmerkungen

1 Vgl. u.a. Jäckel (1997); Walitzek-Schmidtko (1998); Cryster (1992); Janda/McCormack (1992); Weber-Duve (1996); Esser (1998); Langer (1996); AK Zweitfrauen im Interessenverband Unterhalt und Familienrecht (ISUV/VDU).
2 Vgl. Mahlmann (1991), S. 7.
3 Furstenberg (1990), S. 76 f.
4 Vgl. Meyer/Schulze (1992), S. 13; Scheller (1992), S. 208.
5 Scheller (1992), S. 209.
6 Nadig nach Abels (1997), S. 133.
7 Rerrich (1991), S. 350.
8 Vgl. Bundesministerium für Familie, Senioren, Frauen und Jugend (BMFSFJ) (1995a), Bd. 113, S. 37.
9 Vgl. Statistisches Bundesamt (2001): Mikrozensus 2000.
10 Vgl. BMFSFJ (1995a), Bd. 113, S. 2.
11 Vgl. Furstenberg (1990), S. 76.
12 Vgl. Jäckel (1997).
13 Vgl. BMFSFJ (1995a), Bd. 113, S. 140.
14 Vgl. Schneewind (1995), S. 128 ff.
15 Die Darstellung der strukturellen Unterschiede erfolgt in Anlehnung an Krähenbühl u.a. (1991), S. 25 ff.
16 Die grafische Darstellung entspricht einer systemischen Betrachtungsweise der Beziehungsstrukturen, wie sie u.a. auch bei Krähenbühl u.a. (1991) zu finden ist.
17 Siehe Anmerkung 16.
18 Vgl. Krähenbühl u.a. (1991), S. 26.
19 Limbach (1988), zitiert nach Scheller (1992), S. 208; Anmerkungen in eckigen Klammern als Ergänzung von G. Scheller.
20 Vgl. Luhmann (1994), S. 212 ff.
21 In der Trennungsforschung werden einseitig induzierte Entfremdungserscheinungen zwischen Kindern und Elternteilen unter dem Stichwort PAS (Parental Alienation Syndron) beschrieben.

22 In diesem Fall sollte beratende oder therapeutische Unterstützung in Anspruch genommen werden.
23 Willi (1981), S. 35 ff.
24 Kaufmann (1995), S. 9.
25 Schneewind (1995), S. 164 ff.
26 Mahlmann (1991), S. 172.
27 Vgl. Furstenberg (1990), S. 76 f.
28 Mahlmann (1991), S. 172 u. 327.
29 Willi (1981), S. 17.
30 Furstenberg (1990), S. 77.
31 Vgl. Schneewind (1995), S. 164 ff.
32 Vgl. Mahlmann (1991), S. 172.
33 Vgl. Furstenberg (1990), S. 76 f.
34 Es bestanden Kontakte in die Schweiz, die USA, nach Holland und Frankreich.
35 Vgl. Heekerens (1989), S. 73 ff., der auf die veränderte Rechtsprechung in den angelsächsischen Ländern hinweist, die der zunehmenden Bedeutung von zweiten Ehen und Familien Rechnung trägt.
36 ISUV/VDU-Merkblatt (1998): »Die Benachteiligung der Zweitehefrau und Zweitfamilien«.

Literatur

Abels, G. (1997): Zur methodologischen Debatte in der feministischen Forschung. In: B. Friebertshäuser u. A. Prengel (Hrsg.): *Handbuch Qualitative Forschungsmethoden in der Erziehungswissenschaft.* S. 131–143. Weinheim: Juventus

Beck-Gernsheim, E. (1994): Individualisierungstheorie: Veränderungen des Lebenslaufs der Moderne. In: H. Keupp (Hrsg.): *Zugänge zum Subjekt. Perspektiven einer reflexiven Sozialpsychologie.* S. 125–146. Frankfurt/Main: Suhrkamp

Bertram, H. (Hrsg.) (1991): *Die Familie in Westdeutschland. Stabilität und Wandel familialer Lebensformen.* Opladen: Leske + Budrich

Billmann-Mahecha, E. (1996): Wie authentisch sind erzählte Lebensgeschichten? Ein Interpretationsproblem. In: R. Strobl u. A. Böttger (Hrsg.): *Wahre Geschichten? Zu Theorie und Praxis qualitativer Interviews.* S. 111–130. Interdisziplinäre Beiträge zur kriminologischen Forschung. Bd.2. Baden-Baden: Nomos

Brose, H.-G. u. Wohlrab-Sahr, M. (1986): Formen individualisierter Lebensführung von Frauen – Ein neues Arrangement zwischen Familie und Beruf. In: H.-G. Brose (Hrsg.): *Berufsbioraphien im Wandel.* S. 105–145. Opladen: Westdeutscher Verlag

Bundesministerium für Familie, Senioren, Frauen und Jugend (BMFSFJ) (Hrsg.) (1994): *Beratungsbegleitende Forschung – Evaluation von Vorgehensweisen in Ehe-, Familien- und Lebensberatung und ihre spezifischen Auswirkungen.* Schriftenreihe des Bundesministeriums für Familie, Senioren, Frauen und Jugend. Bd. 48.1. Stuttgart: Kohlhammer

Bundesministerium für Familie, Senioren, Frauen und Jugend (BMFSFJ) (Hrsg.) (1995a): *Scheidung nach langjähriger Ehe im mittleren und höheren Erwachsenenalter.* Schriftenreihe des Bundesministeriums für Familie, Senioren, Frauen und Jugend. Bd. 113. Stuttgart: Kohlhammer

Bundesministerium für Familie, Senioren, Frauen und Jugend, (BMFSFJ) (Hrsg.) (1995b): *Fünfter Familienbericht.* Bonn

Bundesministerium für Familie, Senioren, Frauen und Jugend (BMFSFJ) (Hrsg.) (1996): *Bestandsaufnahme in der institutionellen Ehe-, Familien- und Lebensberatung.* (2. Auflage). Schriftenreihe des Bundesministeriums für Familie, Senioren, Frauen und Jugend. Bd. 48.2. Stuttgart: Kohlhammer

Cryster, A. (1992): *Die Frau meines Mannes.* Düsseldorf: Econ

Esser, B. (1998): Das zweite Glück. *Focus.* H. 17/1998. S. 64–74

Fooken, I. u. Lind, I. (1996): *Scheidung nach langjähriger Ehe im mittleren und höheren Erwachsenenalter.* Schriftenreihe des Bundesministeriums für Familie, Senioren, Frauen und Jugend. Bd. 113. Stuttgart: Kohlhammer

FrauenUmweltNetz (Hrsg.) (1995): *Computervernetzung für Frauen.* Bern: eFeF-Verlag

Früh, D. (1997): *Möglichkeiten und Grenzen der Bildungsarbeit mit Stieffamilien.* Unveröffentlichte Diplomarbeit am Fachbereich Erziehungswissenschaften der Universität Hannover

Fthenakis, W. u. Griebel, W. (1985): Zweitfamilien. *Psychologie Heute.* H. 7/1985. S. 20–31

Funke, J. u. Krüger, Th. (1998a): Im Netz der Emotionen. In: Th. Krüger u. J. Funke (Hrsg.): *Psychologie im Internet. Ein Wegweiser für psychologisch interessierte User.* S. 50–53. Weinheim: Beltz

Funke, J. u. Krüger, Th. (1998b): Rat und Hilfe im Netz. In: Th. Krüger u. J. Funke (Hrsg.): *Psychologie im Internet. Ein Wegweiser für psychologisch interessierte User.* S. 105–107. Weinheim: Beltz

Furstenberg, F. (1990): Die Entstehung des Verhaltensmusters »Sukzessive Ehen«. In: K. Lüscher, F. Schultheis und M. Wehrspaun (Hrsg.): *Die Postmoderne Familie. Familiale Strategien und Familienpolitik in einer Übergangszeit.* (2., unveränderte Auflage). S. 73–83. Konstanzer Beiträge zur sozialwissenschaftlichen Forschung. Bd. 3. Konstanz: Universitätsverlag

Heekerens, H.-P. (1988): *Die zweite Ehe. Wiederheirat nach Scheidung und Verwitwung.* Weinheim: Deutscher Studien Verlag

Heekerens, H.-P. (1989): *Wiederheirat und Stieffamilie.* Wiesbaden: Bundesinstitut für Bevölkerungsforschung

Herring, S. (1994): Gender Differences in Computer-Mediated Communication: Bringing Familiar Baggage to the New Frontier. URL:

http://cprs.org/cpsr/gender/herring.txt. (Elektronische Publikation, URL am 22. September 1998)

Höhn, Ch. (1990): Familienpolitische Implikationen des Familienzyklus-Konzepts. In: K. Lüscher, F. Schultheis u. M. Wehrspaun (Hrsg.): *Die Postmoderne Familie. Familiale Strategien und Familienpolitik in einer Übergangszeit.* (2., unveränderte Auflage). S. 55–72. Konstanzer Beiträge zur sozialwissenschaftlichen Forschung. Bd. 3. Konstanz: Universitätsverlag

Hoesch-Daffis, R. (1980): *Ehe und Scheidung. Neue Entwicklungen in der Zweierbeziehung.* München: Kindler

Jäckel, K. (1997): *Der gebrauchte Mann. Abgeliebt und abgezockt – Väter nach der Trennung.* (2. Auflage). München: dtv

Jakob, G. (1997): Das narrative Interview in der Biografieforschung. In: B. Friebertshäuser u. A. Prengel (Hrsg.): *Handbuch Qualitative Forschungsmethoden in der Erziehungswissenschaft.* S. 445–458. Weinheim: Juventus

Janda, L.; McCormack, E. (1992): *Der zweite Versuch. Chancen und Fallen einer neuen Ehe.* Frankfurt/Main: S. Fischer

Kalicki, B. (1996): *Lebensverläufe und Selbstbilder. Die Normalbiographie als psychologisches Regulativ.* Biographie und Gesellschaft. Bd. 25. Opladen: Leske + Budrich

Kaufmann, J.-C. (1995): *Schmutzige Wäsche. Zur ehelichen Konstruktion von Alltag.* (3. Auflage). Konstanz: Universitätsverlag

Kielholz, A. (1998): Geschlechtsunterschiede bei der Internetnutzung. URL: http://visor.unibe.ch/~agnet/liz1.htm. (Elektronische Publikation, URL am 28. September 1998)

Kleinen, B. (1997): Frauenwelt Internet. In: Bath, C. u. Kleinen, B. (Hrsg.): *Frauen in der Informationsgesellschaft.* S. 12–19. Frauen in Naturwissenschaft und Technik. Bd. 4. Mössingen: Talheimer

Kopp, J. (1994): *Scheidung in der Bundesrepublik. Zur Klärung des langfristigen Anstiegs der Scheidungsraten.* Wiesbaden: Deutscher Universitäts Verlag

Kötting, B. (1988): *Die Bewertung der Wiederverheiratung (der zweiten Ehe) in der Antike und in der Frühen Kirche.* Opladen: Westdeutscher Verlag

Krähenbühl, V. u.a. (1991): *Stieffamilien: Struktur – Entwicklung – Therapie.* (3., aktualisierte Auflage). Freiburg: Lambertus

Kraimer, K. (1997): Narratives als Erkenntnisquelle. In: B. Friebertshäuser u. A. Prengel (Hrsg.): *Handbuch Qualitative Forschungsmethoden in der Erziehungswissenschaft.* S. 459–467. Weinheim: Juventus

Krüger, H.H. (1997): Erziehungswissenschaftliche Biographieforschung. In: B. Friebertshäuser u. A. Prengel (Hrsg.): *Handbuch Qualitative Forschungsmethoden in der Erziehungswissenschaft.* S. 43–55. Weinheim: Juventus

Langer, V.-M. (1996): Von wegen Happy-End. *Brigitte.* H. 5/1996, S. 148–151

Lüscher, K., Schultheis, F. u. Wehrspaun, M. (Hrsg.) (1990): *Die Postmoderne Familie. Familiale Strategien und Familienpolitik in einer Übergangszeit.* (2., unveränderte Auflage). Konstanzer Beiträge zur sozialwissenschaftlichen Forschung. Bd. 3. Konstanz: Universitätsverlag

Luhmann, N.: (1994): *Liebe als Passion. Zur Codierung von Intimität.* Frankfurt/Main: Suhrkamp. S. 211 ff.

Mahlmann, R. (1991): *Psychologisierung des »Alltagsbewußtseins«. Die Verwissenschaftlichung des Diskurses über die Ehe.* Studien zur Sozialwissenschaft. Bd. 98. Opladen: Westdeutscher Verlag

Meyer, S. u. Schulze, E. (1992): *Balancen des Glücks. Neue Lebensformen: Paare ohne Trauschein, Alleinerziehende und Singles.* (2., durchgesehene Auflage). München: C.H. Beck

Millhahn, U. (1992): *Von der Schwierigkeit eine gute Stiefmutter zu sein. Lebenskrisen, Lebenschancen.* Frankfurt/Main: S. Fischer

Murk, K. u. Mey, G. (1998): Selbstreflexivität und Subjektivität im Auswertungsprozess biographischer Materialien. In: G. Jütemann u. H. Thomae (Hrsg.): *Biographische Methoden in den Humanwissenschaften.* S. 284–306. Weinheim: Psychologie Verlags Union

Nientied, K. (1996): Kirchliche Auffassungen zu Ehe und Familie angesichts individualisierter Lebensverhältnisse. In: F.W. Busch u. R. Nave-Herz (Hrsg.): *Ehe und Familie in Krisensituationen.* S. 35–50. Schriftenreihe der Carl von Ossietzky Universität Oldenburg. Oldenburg: Isensee

Quist, T. (1996): Empirische Untersuchung zu »Frauen im Internet«. URL: http://internetfrauen.w4w.net/page1.html. (Archiv). (Elektronische Publikation, URL am 10. Juni 1998)

Reisch, E. (1997): *Vernetzte Herzen. Chat, Flirt und Leidenschaft im Cyberspace*. Düsseldorf: Econ

Rerrich, M.S. (1991): Familie. In: U. Flick u.a. (Hrsg.): *Handbuch Qualitative Sozialforschung*. S. 348–351. Weinheim: Psychologie Verlags Union

Scheller, G. (1992): *Wertewandel und Anstieg des Ehescheidungsrisikos*. Soziologische Studien. Bd. 9. Pfaffenweiler: Centaurus-Verlagsgesellschaft

Schneewind, K. (1995): Familienentwicklung. In: E. Oerter u. L. Montada (Hrsg.): *Entwicklungspsychologie*. (3., vollständig überarbeitete und erweiterte Auflage). S. 128–166. Weinheim: Psychologie Verlags Union

Schulze, Th. (1997): Interpretation von Autobiografischen Texten. In: B. Friebertshäuser u. A. Prengel (Hrsg.): *Handbuch Qualitative Forschungsmethoden in der Erziehungswissenschaft*. S. 323–340. Weinheim: Juventus

Seidenspinner, G. (1996): Neue Lebensentwürfe junger Frauen und ihrer Partner. In: F.W. Busch u. R. Nave-Herz (Hrsg.): *Ehe und Familie in Krisensituationen*. S. 85–98. Schriftenreihe der Carl von Ossietzky Universität Oldenburg. Oldenburg: Isensee

Statistisches Bundesamt (Hrsg.) (1995): *Im Blickpunkt: Familien heute*. Stuttgart: Metzler-Poeschel

Streckeisen, U. (1991): *Statusübergänge im weiblichen Lebenslauf. Über Beruf, Familie und Macht in der Ehe*. Frankfurt/Main: Campus

Tölke, A. (1986): Zentrale Lebensereignisse von Frauen – Veränderungen im Lebensverlaufsmuster in den letzten 30 Jahren. In: H.-G. Brose (Hrsg.): *Berufsbiographien im Wandel*. S. 56–79. Opladen: Westdeutscher Verlag

Tölke, A. (1991): Partnerschaften und Eheschließung. Wandlungstendenzen in den letzten fünf Jahrzehnten. In: H. Bertram (Hrsg.): *Die Familie in Westdeutschland. Stabilität und Wandel familialer Lebensformen*. S. 113–157. Opladen: Leske + Budrich

Turkle, Sh. (1996): Die Männer sind nicht allein am Computer, auch die Frauen haben Lust im Cyberspace. *TAZ*. S. 14 f.

Turkle, Sh. (1998): *Leben im Netz. Identitäten in Zeiten des Internet.* Reinbek: Rowohlt

Tyrell, H. (1990): Ehe und Familie – Institutionalisierung und Deinstitutionalisierung. In: K. Lüscher, F. Schultheis u. M. Wehrspaun (Hrsg.): *Die Postmoderne Familie. Familiale Strategien und Familienpolitik in einer Übergangszeit.* (2., unveränderte Auflage). S. 145–168. Konstanzer Beiträge zur sozialwissenschaftlichen Forschung. Bd. 3. Konstanz: Universitätsverlag

Vaskovic, L. A. u. Rupp, M. (1995): *Partnerschaftskarriere. Entwicklungspfade nichtehelicher Lebensgemeinschaften.* Opladen: Westdeutscher Verlag

Walitzek-Schmidtko, E. (1998): *Die Zweite. Von den Schwierigkeiten, einen Mann mit Kind zu lieben.* Reinbek: Rowohlt

Weber-Duve, K. (1996): Seine Ex-Frau. Mein Problem. *Brigitte.* H. 21/1996. S. 180–183

Wilberts, N. (1996): Man kennt sich, man trennt sich. Von den Ursachen der Partnerschaftskrisen und den Chancen einer Lösung. In: F.W. Busch u. R. Nave-Herz (Hrsg.): *Ehe und Familie in Krisensituationen.* S. 197–212. Schriftenreihe der Carl von Ossietzky Universität Oldenburg. Oldenburg: Isensee

Willi, J. (1981): *Die Zweierbeziehung.* Reinbek: Rowohlt